●教育部人文社会科学研究规划基金项目“行政处罚中的非法取证行为研究”（22YJA820029）阶段性成果
●中南财经政法大学中央高校基本科研业务费专项资金资助（202410609）成果

行政执法中的非法取证行为规制

林威光　著

中国人民公安大学出版社
·北京·

图书在版编目（CIP）数据

行政执法中的非法取证行为规制/林威光著. —北京：中国人民公安大学出版社，2024.10

ISBN 978-7-5653-4842-6

Ⅰ.①行… Ⅱ.①林… Ⅲ.①行政执法-证据-收集-研究-中国 Ⅳ.①D922.11

中国国家版本馆 CIP 数据核字（2024）第 100825 号

行政执法中的非法取证行为规制

林威光 著

策划编辑：马东方
责任编辑：邵红岩
责任印刷：周振东

出版发行：中国人民公安大学出版社
地　　址：北京市西城区木樨地南里
邮政编码：100038
经　　销：新华书店
印　　刷：北京市泰锐印刷有限责任公司

版　　次：2024 年 10 月第 1 版
印　　次：2024 年 10 月第 1 次
印　　张：8
开　　本：880 毫米×1230 毫米　1/32
字　　数：200 千字

书　　号：ISBN 978-7-5653-4842-6
定　　价：45.00 元

网　　址：www.cppsup.com.cn　www.porclub.com.cn
电子邮箱：zbs@cppsup.com　zbs@cppsu.edu.cn

营销中心电话：010-83903991
读者服务部电话（门市）：010-83903257
警官读者俱乐部电话（网购、邮购）：010-83901775
公安业务分社电话：010-83906108

序言

威光是我在中南财经政法大学指导的2022级宪法学与行政法学博士研究生。博士入学前，他就对“行政执法”这一研究领域抱有浓厚的兴趣，并对“非法取证行为规制”保持长期关注与深入研究。博士在读期间，他将研究成果集成《行政执法中的非法取证行为规制》一书，将在中国人民公安大学出版社出版。这是他的第一本专著，我由衷为他感到高兴。

在全面依法治国、建设法治政府的时代背景下，我国行政执法体制机制的完善是大势所趋。20世纪80年代《行政诉讼法》的制定，标志着我国行政法治的发展步入“快车道”。随后，具有行政执法法治化里程碑意义的“行政三法”及作为公安行政执法重要依据的《治安管理处罚法》《道路交通安全法》等一系列行政单行法相继颁布，我国行政执法规范化、法治化水平显著提升。2021年中共中央、国务院颁布的《法治政府建设实施纲要（2021—2025年）》更是提出，“到2025年，政府行为全面纳入法治轨道，职责明确、依法行政的政府治理体系日益健全，行政执法体制机制基本完善，行政执法质量和效能大幅提升”。然而在行政执法实践中，“非法取证行为”在短期内仍难以根除，并在数字行政、应急行政等新兴行政治理模式下，呈现更具多样性且更为隐蔽的表现形式。这一现象无疑与行政执法体制机制不断完善的大趋势形成张力，这股张力也赋予了“行政执法中的非法取证行为规则”议题研究的空间及必要性，并成为本书创作的原动力之一。

如此看来，威光的《行政执法中的非法取证行为规制》一书，正是试图弥合行政法治与执法实践张力的理论沉思与现实之作。在总体内容上，本书聚焦行政执法非法取证行为规制这一执法实务中较为复杂疑难的现实问题，在阐述相关原理的基础上，厘清非法取证行为的类型，进而依据不同类型提出有针对性的规制方案。在篇章结构上，全书以“原理—制度—实践”三个平行的内容为大框架展开论述，每个框架内采用了递进式的论证结构，结构合理，思路清晰，重点突出。在论证过程上，逻辑论证严密，既有翔实的理论分析，又有相关样本案例的数据分析，还有法律规范的解读。全书聚焦行政执法非法取证行为的属性本身，展开具有应用价值的抽丝剥茧式的解构，从实证层面进行了定性和定量研究，主张对“程序违法类”“实体违法类”“特定行为类”非法取证行为的规制应当分别施策，有理有据，说服力强。在阅读体验上，本书文笔流畅，可读性较强，适合行政执法的理论研究者和实务工作者阅读。总之，本书对行政执法非法取证行为及其规制问题的研究成果，有助于筑牢行政执法调查取证的制度底线，为依法有效开展执法取证活动提供智识贡献。

就在我为本书作序期间，《治安管理处罚法》正经历第二次修改，这也表明我国行政执法体制机制的完善是一个时代命题。或许正因如此，威光在书中写下了这段意味深长的话：“就行政执法中的非法取证行为而言，其成因之错综，表现之复杂，利益之纠葛，注定不能在短期内被根除，合法取证与非法取证之间的拉锯将长期存在。但这并不能成为我们对理论研究停滞不前、对社会矛盾放任自流的理由。作为行政法学人，我们应迎难而上，积极提供改革的理论研究和实践的前沿方案，为全面提升行政执法能力，早日建成法治政府，最终实现国家治理体系和治理能力现代化，贡献绵薄之力。”

希望威光能在相关领域继续耕耘，同时真诚地向各位读者推荐本书。

胡弘弘
（中南财经政法大学研究生院院长、教授、博士生导师）
2024年8月1日于武汉

前言

近年来，随着我国法治政府建设的逐步推进，有法不依、执法不严、违法不究的现象得到切实改善，各类违法行为得到及时查处，人民合法权益得到有效保障。但行政机关实施非法取证行为仍时有发生，在一定程度上践踏了程序正义、侵犯了个人权益，极具研究的必要性和紧迫性。本书尝试深入研究行政执法中的非法取证行为规制，以“原理—制度—实践”的逻辑顺序分上、中、下三篇展开论述。

上篇系基本原理，旨在阐释本研究的基础性、前提性、概况性内容，包括导论、行政执法中的非法取证行为概述、行政执法中非法取证行为的规制成效与困境三个部分。其一，导论部分详细介绍了本研究的背景、现状、意义等基础性信息，为方便读者快速掌握内容，笔者将研究结论置于导论中。其二，行政执法中的非法取证行为概述部分，旨在从概念界定、性质探讨、历史流变及启示三个方面系统而直观地呈现行政执法中非法取证行为的基本面向。其三，行政执法中非法取证行为的规制成效与困境部分，阐述我国在对行政执法中非法取证行为的规制上已取得的“取证规范制定”“排除规则设置”“非法证据明确”“改良尝试推进”四项成效，并提出如何继续完善和下一步制度建设的重点。

中篇系制度构建，旨在以行政执法中非法取证行为的内部结构及实践样态为基础，构建有效规制该行为的体制机制，包括规制新思路的提出、分类规制的实施、容错机制的构建三个部分。其一，基于对既有规制模式陷入效能瓶颈的反思，提出“行为类型化规制”这一新思路；在新思路的指导下，对行政执法中的非法取证行为进行类型化解析，解构出“程序违法”“实体违法”及“特定行为”三大类非法取证行为。其二，依据不同类型，展开行政执法非法取证行为规制：“程序违法类”非法取证行为的规制，需要将行政机关意志与相对人意志结合，以制定“严重”程度的裁量基准；“实体违法类”非法取证行为的规制，需要对相关争议取证行为进行事前控制、事中干预及事后矫正，阻却争议取证行为向非法取证行为继续转变；“特定行为类”非法取证行为的规制，一方面要追究相关人员的责任，另一方面要找到具有针对性的合法取证替代方案。其三，为贯彻“疏堵结合、疏通为主”的规制理念，在展开行政执法中的非法取证行为规制的同时，探索相应的履职容错机制，旨在纠正非法取证行为、排除非法证据的同时，对符合相关条件的执法人员减免责任追究，通过“减负”促成“尽职”。

下篇系实证考察，探究了行政执法中的非法取证行为规制研究过程中，与之息息相关的法治政府建设、行政执法内部监督、行政执法队伍法治人才培养三个领域的有关情况。笔者通过对具体执法部门进行调查研究发现：其一，法治政府建设事关非法取证行为规制的实施大环境，提升法治政府建设质量有助于优化行政执法实施环境；其二，行政执法内部监督为非法取证行为规制提供了一个行政机关自我约束的“内部视角”，提升行政执法监督能力能够降低非法取证发生率；其三，法治人才培养为非法取证行为规制提供有力保障，提高执法人员的法治素养能够铲除非法取证的思想土壤。

此外，本书的附录部分提供了内容翔实的过程性研究材料，目的有三个：一是方便读者查阅及更全面地了解本研究的整体内容；二是为研究得出的各项结论提供强有力的支撑和佐证；三是启迪“后来者”继续挖掘相关领域的学术增长点，促进行政执法研究的学术繁荣。其中，附录一系我国三大程序法领域的非法证据排除规则比较，旨在展现各领域规则的繁简情况，佐证行政领域规则对刑事、民事领域规则的借鉴关系。附录二系行政“证据三性”的模式化运用，旨在展现违反行政“证据三性”的具体行为样态，同时反映出本书所研究的“行政执法非法取证行为”在整个违反行政“证据三性”体系中的位置。附录三系行政非法证据排除规则的规范汇总，旨在展现相关规则的立法样态与发展历程，这些规则是构建“行为类型化规制”思路的基础。附录四系行政执法中“违反法定程序的取证行为”及“可能取得的证据”，旨在展现行为类型化规制思路中对“程序违法类”非法取证行为规制的构建过程。附录五系行政执法中“违反法律强制性规定的取证行为”及“遭受侵害的他人合法权益”，旨在展现“行为类型化规制”思路中对“实体违法类”非法取证行为规制的构建过程。附录六系行政执法中相对人“不配合行为”的法律属性，旨在佐证行政执法处于“重大违法”或“依法进行”两种不同的状态时，相对人的抵抗行为会分别受到法律的容忍或惩戒。附录七系行政执法部门执法情况访谈（座谈）提纲，旨在展现实证考察所关心的问题及一线执法部门面临的实际情况。

林威光

2024 年 6 月

目　录

上篇　基本原理

中篇　制度构建

下篇　实证考察

上篇：基本原理

第一章 导 论

一、研究背景及缘起

2021 年 7 月 15 日，新修订的《行政处罚法》正式实施。该法第四十六条第三款规定：“以非法手段取得的证据，不得作为认定案件事实的根据。”由此，对非法证据的识别和排除，不再仅依靠司法机关在行政诉讼程序实施末端进行监督，而是向前溯及行政处罚行为的形成阶段，要求行政机关从非法证据形成的源头加以重视和杜绝。2020 年 12 月中共中央印发的《法治社会建设实施纲要（2020—2025 年）》中指出：“加强对非法取证行为的源头预防，严格执行非法证据排除规则”。尽管该项要求主要是针对司法行为尤其是刑事司法行为，但也同时释放出这样的信号——对非法取证行为的源头预防治理，才是根除因非法证据引发冤假错案的“治本之举”。在公权力行使频率远高于刑事司法权的行政执法领域，无疑也应当遵循上述思路。2023 年 9 月国务院办公厅印发《提升行政执法质量三年行动计划（2023—2025 年）》，要求到 2025 年年底，行政执法突出问题要得到有效整治，行政执法质量和效能显著提高，行政执法的权威性和公信力增强。这进一步展现出我国对有损行政执法权威及政府公信力的非法取证行为所坚持的“零容忍”态势。

长久以来，一些行政机关实施非法取证行为的现象是客观存在的。该现象践踏程序正义、侵犯个人权益，与依法治国背道而驰，遭各方抵制却屡禁不止，成为行政执法中的一大顽疾。笔者通过多年来对行政执法的理论研究及实证考察发现，在行政执法一线，非法取证现象多发于以下五类场景中：一是疑难案件“倒逼”非法取证。基于客观手段和技术的局限，常规的取证方式有时不能解决部分疑难案件的取证需求，加之办案督察压力，导致部分行政机关越轨行事。二是排除规则本身的模糊性和不完备性，让非法取证钻了空子，如要“严重”到何种程度才构成“严重违反法定程序收集的证据材料”？三是侥幸心理“纵容”非法取证。部分执法人员存在侥幸心理，认为不会被发现，或即使被发现了也未必承担严重后果，明知非法取证而为之。四是无知心态导致非法取证。一些执法人员法律知识和法治理念极端匮乏，身陷非法取证而不知。五是个人私利“乐于”非法取证。极少数守不住底线的执法人员，出于完成指标、增加绩效，甚至敲诈勒索的目的，恶意实施非法取证。

上述现象引发我们进一步思考：就现象成因而言，在执法规范日趋严格、问责力度不断加大的大背景下，为何部分执法人员仍要铤而走险，其深层次的利益纠葛和价值冲突又是什么？就规制效果而言，国家对行政执法非法取证行为，采取了哪些规制手段？取得了哪些成效，已有规制手段又存在哪些缺陷？就完善方式而言，是要在已有规制手段上持续加码，还是应另辟蹊径？可见，深入研究行政执法非法取证行为规制，具有重要的理论和现实意义。

二、研究现状及反思

（一）国内研究现状

国内直接研究行政执法非法取证行为的成果甚少，但旁及的研究成果较多，大致包含四个方向。

第一，研究行政执法中的调查取证活动。国内对行政执法调查取证的研究由来已久，在不同研究阶段均有代表性成果。姜明安编著的《行政执法研究》（2004 年）系 20 世纪初相关研究的较早成果，阐述了行政执法程序的主要制度，包括情报公开制度、告知制度、听取陈述和申辩制度、职能分离制度、不单方接触制度、回避制度、记录和决定制度、说明理由制度、时效制度、救济制度等。[①] 章志远的《行政调查初论》（2008 年）对行政调查概念、基本原则、具体方式及程序的界定，对后续研究有标杆性意义。[②] 宋华琳的《行政调查程序的法治建构》（2019 年）基于我国尚未出台统一行政程序法的现状，从主体、程序、职权、裁量权、行政合作与当事人协助等角度，勾勒出我国行政调查取证的法治化要点。[③]

第二，研究行政执法中的非法证据排除规则。一是从整体视角开展的研究。刘璐在《试论行政程序中的非法证据排除规则》（2005 年）一文中提出，基于行政合法性原则、证据合法性要求和人权保障、程序正义的要求，行政程序中确立非法证据排除规则具有必要性，但我国现实情况决定了行政程序采纳这一规则不能过于严苛。[④] 彭贵才在《论行政执法中非法证据排除规则的构建》（2010 年）一文中提出，针对行政执法的现状，研究并确立一种行政执法中的非法证据排除规则，包括排除标准的选择、排除内容的设定及排除程序的构建。[⑤] 李红枫在

---

① 姜明安：《行政执法研究》，北京大学出版社 2004 年版，第 199-205 页。

② 章志远：《行政调查初论》，载《中共长春市委党校学报》2008 年第 1 期，第 78-82 页。

③ 宋华琳：《行政调查程序的法治建构》，载《吉林大学社会科学学报》2019 年第 3 期，第 139-149 页。

④ 刘璐：《试论行政程序中的非法证据排除规则》，载《行政法学研究》2005 年第 1 期，第 76-82 页。

⑤ 彭贵才：《论行政执法中非法证据排除规则的构建》，载《行政与法》2010 年第 9 期，第 87-90 页。

专著《行政处罚证据原理研究》（2013 年）中提出，在行政处罚中，应当以“非法证据排除”为基本原则，但允许特别情况下的例外。[①]二是从部门法角度展开的研究。张栋磊、王洪芳、张小林、赵毅、王丽丽、刘晓华结合警务活动的特点，对公安行政执法非法证据排除规则排除范围、申请主体、证明标准等给予进一步的明确，阐述了规则运行存在的重视程度不足、制度效能欠佳等实操性缺陷，提出统一行政瑕疵证据的认定和补正规则、引入自由心证规则标准、强化非法证据排除监督、提升办案民警的法治理念和执法水平等系统性优化方案。[②]与此类似，谢大年、陈光强、张建刚、徐继敏、李袁婕结合医药、检验检疫、税务、文物领域的行政执法经验，主张构建和完善本领域内的非法证据排除规则。[③]

第三，研究行政诉讼中的非法证据排除规则。甘文、蔡小雪、阎巍分别于 2003 年、2006 年、2019 年出版个人专著《行政诉讼证据司法解释之评论——理由、观点与问题》《行政诉讼证据规则及运用》及《行政诉讼证据规则：原理与规范》，均有论及非法证据排除的内容，充分体现了实务专家针对非法证据认定及处置的审慎态度，三部专著

① 李红枫：《行政处罚证据原理研究》，中国政法大学出版社 2013 年版，第 212-215 页。

② 张栋磊：《公安行政执法中的非法证据排除规则——以司法审判为视角》，载《公安研究》2010 年第 7 期，第 49-53 页。王洪芳、张小林：《论我国公安行政执法非法证据排除规则的法制进程及意义》，载《四川警察学院学报》2015 年第 3 期，第 79-85 页。赵毅、王丽丽：《公安行政非法证据排除制度之路径选择》，载《天津行政学院学报》2018 年第 5 期，第 88-95 页。刘晓华：《治安案件非法证据排除：现状、问题与完善》，载《广西警察学院学报》2019 年第 4 期，第 30-35 页。

③ 谢大年、陈光强：《药品行政执法的证据规则》，载《中国药事》2004 年第 9 期，第 31-33 页。张建刚：《关于完善检验检疫证据制度的探讨》，载《中国检验检疫》2008 年第 1 期，第 22-24 页。徐继敏：《税务行政程序证据规则研究》，载《税务研究》2010 年第 3 期，第 65-68 页。李袁婕：《略论文物行政处罚程序的规制》，载《中国文物科学研究》2022 年第 1 期，第 8-16 页。

的出版时间虽横跨16年，却在结合审判工作实际依法实施非法证据排除上具有传承性。[①] 杨曙光的文章《试论行政诉讼中非法证据的认定与排除》（2012年）较早探讨了行政诉讼中"非法证据排除的例外情况""毒树之果""秘密手段获取证据的处置"等问题，对后续研究产生了较大影响。[②] 张硕的《论行政非法取证行为程序性制裁——兼评〈行政诉讼法〉第43条第3款》（2018年）从根本上否定了在行政诉讼中实行非法证据排除的正当性，认为应在行政决定作出前适用排除非法证据的制裁方式，在行政复议阶段可选择适用排除证据或认定程序违法的制裁方式，在行政诉讼阶段仅能用程序违法的诉讼法律后果制裁违法取证行为；[③] 他在另一篇文章《行政诉讼非法证据排除规则适用的困境与出路——以218份裁判文书为样本》（2018年）中持类似观点，即重新审视"非法证据排除规则"在行政诉讼中的定位，对行政机关违法取证行为的司法审查应由"证据审查"转向"程序审查"，并根据取证程序的瑕疵程度科以相应的法律责任，[④] 体现了青年学者对该问题的独到见解。

第四，研究行政执法中"秘密取证""钓鱼执法"等个别极具争议的取证行为。徐涛在《行政隐蔽调查的法律空间》（2015年）中指出，在现行法律框架下，行政隐蔽调查可以采用直接观察、乔装调查、

① 甘文：《行政诉讼证据司法解释之评论——理由、观点与问题》，中国法制出版社2003年版，第121-130页。蔡小雪：《行政诉讼证据规则及运用》，人民法院出版社2006年版，第219-224页。阎巍：《行政诉讼证据规则：原理与规范》，法律出版社2019年版，第138-143页。

② 杨曙光：《试论行政诉讼中非法证据的认定与排除》，载《江淮论坛》2012年第2期，第139-143页。

③ 张硕：《论行政非法取证行为程序性制裁——兼评〈行政诉讼法〉第43条第3款》，载《河北法学》2018年第9期，第178-190页。

④ 张硕：《行政诉讼非法证据排除规则适用的困境与出路——以218份裁判文书为样本》，载《行政法学研究》2018年第6期，第115-127页。

从其他行政机关处获取、向第三方社会主体调取和通过行政举报获取等方式；在实施范围的限定上，行政机关只有在需要主动查明事实，且公开调查无法实现调查目的的情形下才能考虑适用隐蔽调查。① 吴亮的“钓鱼执法”研究三部曲——《论行政调查中的不得自证己罪原则》（2011 年）、《论行政诱惑取证中的政府引诱行为及其监督——以美国法的客观理论为借镜》（2013 年）、《黑车取证的执法困境及其出路》（2016 年），从一些行政机关诱惑取证行为的原则证成、规则构建及执法实践三个梯度逐层阐述，核心观点是区别对待机会提供型和犯意诱发型诱惑取证，将前者纳入规范化轨道而对后者全面禁止。② 任福生和宋海春的《行政调查的特别情形及其法律规制》（2018 年）将行政机关针对违法手段更趋智能化、隐蔽化的行政违法案件实施的新型调查取证行为，纳入“行政调查的特别情形”范畴，认为这种特别情形的合理运用能满足行政机关调查取证的实际需求，同时为防止该情形的滥用，应进行合理性审查，严格限制其用途并强化权利救济措施。③

（二）涉外研究现状

涉外研究主要聚焦于以下六个方面：

第一，研究域外行政执法中的调查取证行为。余凌云主编的《行

① 徐涛：《行政隐蔽调查的法律空间》，载《中国行政管理》2015 年第 5 期，第 125-131 页。

② 吴亮：《论行政调查中的不得自证己罪原则》，载《华东政法大学学报》2011 年第 6 期，第 13-20 页。吴亮：《论行政诱惑取证中的政府引诱行为及其监督——以美国法的客观理论为借镜》，载《行政法学研究》2013 年第 3 期，第 117-122 页。吴亮：《黑车取证的执法困境及其出路》，载《清华法学》2016 年第 1 期，第 160-170 页。

③ 任福生、宋海春：《行政调查的特别情形及其法律规制》，载《社会科学战线》2018 年第 12 期，第 272-276 页。

政调查的理论与实践》（2014 年）收录了英、法、西、韩等国家的学者关于本国行政调查取证制度的评述。①

第二，研究域外行政执法中的非法证据排除规则。陈峰、张杰合著的《法治理念下的行政程序证据制度研究》（2017 年）将域外行政执法证据规则分为三大类。第一类对整个证据规则仅作原则性规定，基本不涉及非法证据排除规则，如德国《联邦行政程序法》。第二类赋予行政机关较大裁量权，甚至引入自由心证，如西班牙《行政程序法》规定行政机关在采用证明手段时享有较大的裁量权，奥地利《普通行政程序法》第四十五条规定行政机关采纳证据适用自由心证。第三类受司法判例影响较大，如美国《联邦行政程序规则》虽然对证据制度的规定相当原则，但许多后来的行政执法中的证据规则都依靠司法判决来确立。②

第三，研究域外行政诉讼中的非法证据排除规则。王薇的博士学位论文《行政诉讼证据可采性规则研究》（2017 年）区分英美法系和大陆法系两个研究视角。其中英美法系的行政诉讼非法证据排除规则见于独立的证据法典中，如英国《民事证据规则》（英国的行政诉讼采用民事证据规则）、美国《联邦证据规则》，且法官适用行政诉讼非法证据排除规则的弹性较大，多结合具体案情进行判断，并不像适用刑事诉讼规则那样严苛。大陆法系则见于诉讼法或实体法中，如德国《基本法》和《行政法院法》，在适用上赋予法官极大的裁量权，并要求法官进行价值权衡和判断。③

---

① 余凌云：《行政调查的理论与实践》，中国人民公安大学出版社 2014 年版，第 240-380 页。

② 陈峰、张杰：《法治理念下的行政程序证据制度研究》，经济管理出版社 2017 年版，第 221-238 页。

③ 王薇：《行政诉讼证据可采性规则研究》，2017 年武汉大学博士学位论文，第 45-48 页。

第四，研究域外其他诉讼中的非法证据排除规则。何家弘的文章《适用非法证据排除规则需要司法判例》（2013 年）研究了欧盟《刑事大法典》中处理结果有别的三类非法证据：第一类“非法取得的证据”，如通过刑讯逼供或违法搜查取得的证据，欧盟成员国都要规定为法定必须排除；第二类“违规取得的证据”，如违反律师在场的规定所取得的证据，欧盟成员国可以规定为法定必须排除，也可以规定为裁量排除；第三类“不当取得的证据”，如警察以轻微欺骗或谎称事实等不太严重的不当手段获取的证据，欧盟成员国可以规定为裁量排除。①

第五，研究域外行政执法中的“诱惑取证”行为。吴亮的专著《行政调查中的诱惑取证研究》（2017 年）阐述了行政诱惑取证的域外实践，包括美国的诱捕抗辩理论，英、德的实务见解，日本的容许性见解，以及欧洲人权法院对诱惑取证经历的早期—激进—保守三个阶段。②

第六，域外法律条文汇编。应松年编著的《外国行政程序法汇编》（2004 年）收录了美、德、法等 13 个国家和地区的行政程序立法，何海波编著的《中外行政诉讼法汇编》（2018 年）收录了中、英、美等 11 个国家和地区的行政诉讼法立法。这两部汇编对借鉴域外行政执法规范化建设及行政诉讼非法证据排除的有益经验，提供规范文本上的依据和支持。

（三）对研究现状的反思

关于行政执法中的非法取证行为规制，学界研究成果颇丰，总体

---

① 何家弘：《适用非法证据排除规则需要司法判例》，载《法学家》2013 年第 2 期，第 108-109 页。

② 吴亮：《行政调查中的诱惑取证研究》，中国政法大学出版社 2017 年版，第 85-214 页。

上可划分为“事前规制”和“事后规制”两大方向。

（1）主张“事前规制”的学者认为，非法取证行为是行政执法规范制定不完善、实施不严格的产物——或主张加紧出台全国统一的“行政程序法”，建立常态执法检查机制；[①] 或主张从主体、程序、职权、裁量权、行政合作与当事人协助等方面，重构我国行政调查取证程序；[②] 或主张从执法实践角度，对执法规则执行中的“走样”进行纠偏。[③] 总之，要不断完善行政执法规范化建设。

（2）主张“事后规制”的学者将规制重点放在对非法证据的认定、处置及排除规则的完善上。其一，在行政非法证据的认定上，狭义说认为，行政非法证据是舶来品，本意仅指“以非法手段获取的证据”，故仅应考察取证手段是否非法；广义说认为，非法证据概念进入我国后，与我国本土的“证据三性”及其中的“违法性”相结合，导致非法证据的认定范围甚至要与证据资格中的其他项目挂钩。[④] 其二，在非法证据的处置上，采信说认为，证据为还原客观事实服务，只要证据具有真实性就应当采信，可以通过惩戒相关责任人达到规制目的；排除说认为，行政执法要达到起码的程序正义和外观正义，非法证据即使能够证明客观事实，也不应具有证据资格；权衡说认为，应当权衡非法证据损害的价值与非法证据的证明价值，以价值更高者来决定

---

① 王万华：《完善行政执法程序立法的几个问题》，载《行政法学研究》2015 年第 4 期，第 82 页。

② 宋华琳：《行政调查程序的法治建构》，载《吉林大学社会科学学报》2019 年第 5 期，第 139 页。

③ 刘杨：《执法能力的损耗与重建——以基层食药监执法为经验样本》，载《法学研究》2019 年第 1 期，第 23-24 页。

④ 陈峰、张杰：《法治理念下的行政程序证据制度研究》，经济管理出版社 2017 年版，第 183-184 页。

是采信还是排除。[①] 其三，在排除规则的完善上，学者们或提出包括处理“毒树之果”问题在内的实体完善方案，或提出包括明确证明标准在内的程序完善方案，或提出包括构建行政案例指导制度在内的配套完善方案。[②]

本书认为，虽然已有研究成果丰硕，且对实践有重大的指导意义，但仍存在研究盲区。主要体现在，一些已有研究陷入了“局外人”思维，即着重聚焦“事前”的行政执法规范化建设和“事后”的行政非法证据排除，缺乏“当事人”视角，即缺乏对“事中”的非法取证行为本身的关注。缺乏对非法取证行为本身的研究，依然无法构建完整的行政执法非法取证行为规制体系。因此，本书将研究重点放在行政执法非法取证行为的行为本身上。

三、研究意义及创新

（一）研究意义

第一，完善非法取证问题的解决方案。本研究旨在从行为端入手，系统地研究行政执法中的非法取证行为，探寻治理非法取证行为的可行性方法，并与当前“正反两面”治理方案一道，从事前、事中及事后三个方面，共同完善非法取证问题的解决方案。

第二，牢固树立行政执法调查取证中的底线思维。在调查取证方

---

① 杨曙光：《试论行政诉讼中非法证据的认定与排除》，载《江淮论坛》2012 年第 2 期，第 140 页。

② 张硕：《行政诉讼非法证据排除规则适用的困境与出路——以 218 份裁判文书为样本》，载《行政法学研究》2018 年第 6 期，第 124-127 页。赵毅、王丽丽：《公安行政非法证据排除制度之路径选择》，载《天津行政学院学报》2018 年第 5 期，第 92-95 页。刘晓华：《治安案件非法证据排除：现状、问题与完善》，载《广西警察学院学报》2019 年第 4 期，第 33-35 页。

面，现有行政执法规范设置了两人执法，依法告知，依法听取、陈述、申辩等一系列程序规则，旨在从正面将调查取证行为装进制度的“笼子”里，是正当程序原则的体现。在此基础上，若能再从反面设定一个底线，即非法取证行为的治理理念，使执法者形成一方面要达到程序正当的上限思维，另一方面又不得逾越非法取证的底线思维，以此牢固依法调查取证的制度根基。

第三，为实现法治国家、法治政府、法治社会一体化建设添柴加薪，为推进国家治理现代化贡献力量。党的十八届四中全会《决定》提出坚持法治国家、法治政府、法治社会一体化建设，坚持严格规范公正文明执法。《法治政府建设实施纲要（2015—2020年）》要求，健全行政执法调查取证，实现行政违法或不当行为明显减少，人民群众对行政执法的社会满意度显著提高。《法治政府建设实施纲要（2021—2025年）》明确要求，加强对非法取证行为的源头预防，严格执行非法证据排除规则。非法取证行为是对法治国家的践踏，与法治政府建设相悖，更为法治社会所不容。只有深入研究非法取证行为，才有可能构建遏制非法取证现象的制度长城，这也是国家治理现代化的题中应有之义。

（二）研究的创新

第一，研究对象创新。理论界和实务界对行政执法非法取证行为的规制研究由来已久，成果颇丰。但已有研究重点聚焦于“事前”的执法规范化建设和“事后”的非法证据排除，而较少关注“事中”的非法取证行为。然而，少有人问津的非法取证行为，恰恰有助于突破当前规制手段的效能瓶颈。

第二，分析视角创新。相较于理论和实务界惯常采用的笼统规制视角，本书以类型化的分析为视角，对行政执法非法取证行为进行类型化解构，总结出“程序违法”“实体违法”及“特定行为”三大类别，并深入探究了每类非法取证行为的构成要件。为后续行政执法中的非法取证行为的规制，提供更具针对性的抓手。

第三，解决方案创新。对待行政执法中的非法取证行为，本书一方面试图摆脱“头痛医头、脚痛医脚”的局部优化方案；另一方面采取不一味禁止、取缔和杜绝的粗暴排除方案。本书基于规制、规训和引导的理念，依据不同类型，对行政执法中的非法取证行为进行治理，旨在最大限度释放执法效能，实现行政执法有效性与合法性的统一。

四、研究思路及方法

（一）研究思路

本书坚持以问题为导向，强调以实证素材支撑问题观察、以理论探讨夯实解决对策的两大基本思路，按照以下几个方面开展具体研究工作：

第一，行政执法中的非法取证行为的定性。对非法取证行为的定性，应当从三个方面展开。首先，非法取证行为的外延。如“非”的含义是什么？是指“法无规定而为”，还是指“法有规定而违”？“法”的层级指哪些？是否包括一些抽象性的法律原则？“行为”载体有哪些？是仅指执法人员的行为，还是包括执法辅助人员等？对非法取证行为进行定性，旨在厘清行政执法中的非法取证行为、非法证据、排除规则之间的关系，谁是原因、谁是结果、怎么处理等问题，为后续研究打下基础。

第二，行政执法中的非法取证行为成因分析。就非法取证行为的成因，将非法取证行为与合法取证行为做对比分析。分析的项目包括便利性与烦琐性、有效性与失效性、实体正义与程序局限、非法性掩盖与证据转换等。

第三，行政执法中的非法取证规制手段的表现及缺陷。为规制非法取证行为，现有立法设置了哪些措施或规则，这些规则有什么特点，为何在拥有这些规则的背景下，非法取证行为依然存在，本书将从规则设置中存在的问题、规则运行中显现的问题、反映出的根源性理念问题等方面入手。

第四，行政执法中的非法取证行为的分类及具体行为回溯。对非法取证行为进行正确且合理的分类，是后续解决方案能对症下药、有的放矢的前提。本书将采用“主观因素”和“客观行为”相统一的方式，对非法取证行为进行分类。主观因素包括“治理性非法取证”“利己性非法取证”等维度。具体结合《行政处罚法》等若干法律规范要求，对非法取证行为的具体表现形式，实现具体行为回溯。

第五，结合实践性问题对行政执法取证难的内在机理进行阐述，探讨规范化的疏导路径。对非法取证行为是否应当如同非法证据那样采取“一刀切”的绝对排除方式，在行政执法实践操作中面临着很大的困惑。在取证手段不足、取证难度较大的执法案件中尤其突出。针对现有普遍存在的“行政执法取证难”困境，本书在对现有规制手段进行充分研究，并对非法取证行为进行重新解构的基础上，从“合法取证行为引导”与“非法证据转换机制”两个角度进行优化，强化“行政执法三项制度”在化解行政执法取证难问题中的制度支撑功能。

第六，鉴于数字化行政执法手段的兴起，非法取证行为无疑将延伸至当前方兴未艾的智慧执法、智能取证等领域。考虑到取证行为对行政处罚执法行为的重要价值，有必要将执法取证行为规范化融入当前各地开展的数字化智能执法系统平台建设之中。同时，也应充分考虑课题研究所形成的对策建议在基层一线执法过程中的实践观察与可操作性反馈。本研究将就上述两个方面的问题加以证成。

（二）研究方法

本书综合运用多种法学研究方法。通过实证分析法，解析行政处罚非法取证行为及取证难问题的成因及应对措施。通过规范分析法，解读《行政处罚法》以及相关法律法规具体条文规定。通过文献分析法，掌握最新的相关领域研究动态并合理吸收有益的前沿研究成果。通过比较分析法，考察域内外不同地区、不同部门法之间存在的对执法取证行为的各种观察角度。

在研究过程中，笔者还采取动态“田野观察”的研究方法，即广泛接触一线行政执法部门和执法人员，对行政处罚执法取证普遍存在困难的重点领域，如城市管理综合执法、市场监管综合执法、文化旅游执法、生态环境执法等进行广泛调研和面对面访谈，提升研究成果的可操作性和科学性。

五、研究结论及展望

（一）研究结论

第一，在价值评判上，对行政执法中的非法取证行为，不应一味地批判，而是要看到行政机关在实施该行为时的两难处境。当前各界对行政执法中的非法取证行为，采取全方位否定立场，或视其为必须消灭的对象来批判；或考虑如何不让它发生，以及发生后如何将非法证据排除。但如此旗帜鲜明的批判立场，即使在全面依法治国、建设法治政府的今天，仍无法杜绝非法取证行为的发生，暴露出全方位批判立场的局限。

应当看到，在诸多情况下，一些行政机关实施非法取证行为，并非一意孤行后的恶果，而是两难处境的无奈。一方面，行政机关的取证权力和手段有限，在一些复杂行政案件中，若仅采用传统法定取证手段，无法取得关键证据；另一方面，全方位批判立场，忽视了行政执法有效性与合法性之间的动态平衡。只有带着两难处境的价值视角，才能减少对行政机关的迁怒，更理性地思考现有体制机制背后的问题。

第二，在规制理念上，对行政执法中的非法取证行为，要疏堵结合，以疏通为主。当前各界对行政执法中的非法取证行为的规制呈“围堵为主”的理念特质，外化为两大方面的措施：一方面是事前围堵，如加大执法检查、执法规范化建设等；另一方面是事后围堵，即非法取证行为实施之后，对非法证据的认定和排除。

“围堵为主”的规制理念及措施，在取得一定成效后便陷入效能“瓶颈”，更进一步加剧了立法、司法、执法机关在实务中的分歧与断裂。中央立法及司法机关代表国家对公平、正义及法治的最高要求，对非法取证行为的否定态度最为坚决。一些地方法院结合实质正义、社会秩序等因素综合考量，便通过判决技巧给行政机关“打圆场”。行政机关“聚矛盾之焦”，冲在社会治理的执法一线，在社会效应与个人利益产生矛盾时，常通过计算风险得失，来决定是否“铤而走险”。当围堵之墙基于各方立场的差异而出现裂痕，非法取证行为便能在“藏污纳垢”的沟槽处“春风吹又生”。既然“围堵为主”的规制理念及措施已陷入效能“瓶颈”，何不另辟蹊径？当我们放下对围堵思维的执念，以更平和的态度关注非法取证行为这个问题行为本身时，会发现：对于一个问题行为，禁止、排除、杜绝固然是有用的，但更有用的是矫正，是疏通，是引导。如果引导疏通得当，反而能够释放更大的执法效能。

第三，在规制方法上，对行政执法中的非法取证行为，要采取分类规制。将规制重心确定为非法取证行为后，为确保规制的针对性和精准性，本书采取分类规制的方法。先对相关法律规范进行拆解，拆分出三大类非法取证行为；再将执法实践中具体的非法取证行为填充进这三大类中。如此一拆一合，便重构出“程序违法类”“实体违法类”“特定行为类”三大类非法取证行为。由于这三大类非法取证行为各自的构成要件是不同的，因此要依据不同的构成要件设计规制方案。具体来说，就“程序违法类”非法取证行为而言，要设计程序变通的裁量基准。明确什么取证程序是必须做的，什么取证程序即使稍有变通也是不违法的，或者违法性程度不大。就“实体违法类”非法取证行为而言，由于构成该类非法取证行为，要同时满足几个构成要件，因此要设计一种阻却机制，让这些要件不能同时满足。就“特定行为类”非法取证行为而言，由于这类行为的违法性严重，侵权性明显，社会反响恶劣，因此，一方面要追究相关人员的责任，另一方面要找到具有针对性的合法取证替代方案。

第四，在实践过程中发现，非法取证行为规制与法治政府建设、行政执法内部监督、行政执法队伍法治人才培养息息相关，故在研究非法取证行为规制的过程中，有必要对上述三个领域的实践情况开展研究。

规制非法取证行为，首先离不开整个法治政府建设大环境的改善，应提升法治政府建设质量，优化行政执法实施环境。其次，行政执法内部监督为非法取证行为规制提供了一个可供考察的“内部视角”，提升行政执法监督能力有助于降低非法取证发生概率。最后，法治人才培养为非法取证行为规制提供了有力保障，提高了执法人员的法治素养，有助于铲除非法取证的思想土壤，实现“规制制度优化”与“人才队伍优化”的双向互动。

（二）展望

“世界上只有一种英雄主义，就是看清生活的真相后依然热爱生活”，罗曼·罗兰的格言激励过无数在探寻真理的道路上受挫、失败、心灰意懒的人。社会科学家有一个执念，那就是先构建出一套理性模型，再用它去丈量世界。要是理想模型与现实世界不匹配，多是因为世界已脱离理性或陷入混乱，从而生出改造世界的念头来。但面对错综复杂的客观现实，理性的改造方案或遭既得利益的阻挠，或在价值权衡后打折，或因不切实际而落空。此时对于社科学人而言，就不得不把“看清后依然热爱”的英雄主义常挂心间。

诚然，由于笔者能力有限，本书仍有诸多不足，如对“特定行为类”非法取证行为中与暴力逼供、胁迫（威胁）、利诱（引诱）、欺诈（欺骗）恶性程度相当的其他行为探讨不足；对秘密取证行为的双重违法性（既违反程序规定，又违反实体规定）的探讨不足；部分规制方案的可行性有待商榷等。这些问题都是今后研究中需要完善的。

同时，笔者也深知，就行政执法中的非法取证行为而言，其成因之错综，表现之复杂，利益之纠葛，注定不能在短期内被根除，合法取证与非法取证之间的拉锯将长期存在。但这并不能成为我们对理论研究停滞不前、对社会矛盾放任自流的理由。作为行政法学人我们应迎难而上，积极提供改革的理论研究和实践的前沿方案，为全面提升行政执法能力，早日建设法治政府，最终实现国家治理体系和治理能力现代化，贡献绵薄之力。

第二章　行政执法中的非法取证行为概述

在我国行政法领域，人们对“行政执法中的非法取证行为”可谓是既熟悉又陌生。熟悉是因为，在实践层面，该行为时有发生，加之办案督查和媒体报道，致使多数执法人员即使未亲自实施，也有所耳闻；在理论层面，旁及该论题的研究有很多，造成该论题“前人之述备矣”的假象。[①] 陌生是因为，直接以该论题为对象的研究成果甚少，以致一旦深究其概念、性质及历史流变，作答的声音便逐渐微弱下来。

一、概念界定

在行政执法中，“调查取证”是行政机关履行公共管理职责的重要方式，“非法取证行为”由“调查取证行为”异化而来，虽然仅替换了“非法”二字，但其内涵与外延已大相径庭，有必要从宏观层面加以界定。

（一）已被学界界定的概念

当前学界对“行政执法”“调查取证”及“非法证据”三个概念的界定，已产生通说性共识。“行政执法”作为国家管理公共事务的手段之一，广义上指国家行政机关对法律的执行与实施。[②] “调查取证”

① 笔者经文献分析，发现相关研究主要集中在“行政执法”“行政调查取证”“行政非法证据”三个领域，少有对行政执法非法取证行为的直接研究。

② 姜明安：《行政执法研究》，北京大学出版社2004年版，第1页。

是行政执法中的重要一环，指行政机关在行政程序启动后、行政决定作出前，依职权查明案件事实、获取证据的相关活动，具体包括询问、检查、抄录复印、录音录像、勘验、鉴定、听证等行为。[①] 而行政执法中的“非法证据”，指行政机关采取非法手段调查收集的证据，主要有四种类型：收集或者提供的主体不合法；取证程序不合法；证据的内容不合法；证据的表现形式不合法。[②]

上述概念界定，与本书论题关系密切。其一，“行政执法”确定了本书论题的实施主体，即行政机关及法律、法规授权的组织（以下统称行政机关）。必要时行政机关会通过“行政委托”“公民协助”等方式，使非行政主体参与执法活动，但受委托的组织及协助执法的公民只被看作行政机关“手足”之延伸，终究不具有行政主体身份。其二，“调查取证”确定了本书论题的实施阶段，即行政程序开始后，行政决定作出前。其三，“非法证据”是非法取证行为的产物，可以反向推导出大致的非法取证行为。然而，仅凭上述三项现有成果，不足以界定本书论题的关键部分——非法取证行为的外延与内涵，致使该论题仍处于空虚混沌的“化外之地”（如图 2-1 所示）。

---

① 章志远：《行政调查初论》，载《中共长春市委党校学报》2008 年第 1 期，第 78 页。余凌云：《行政调查论》，载余凌云主编：《行政调查的理论与实践》，中国人民公安大学出版社 2014 年版，第 1-3 页。宋华琳：《行政调查程序的法治建构》，载《吉林大学社会科学学报》2019 年第 3 期，第 139 页。

② 刘璐：《试论行政程序中的非法证据排除规则》，载《行政法学研究》2005 年第 1 期，第 76 页。杨曙光：《试论行政诉讼中非法证据的认定与排除》，载《江淮论坛》2012 年第 2 期，第 139 页。刘晓华：《治安案件非法证据排除：现状、问题与完善》，载《广西警察学院学报》2019 年第 4 期，第 31 页。

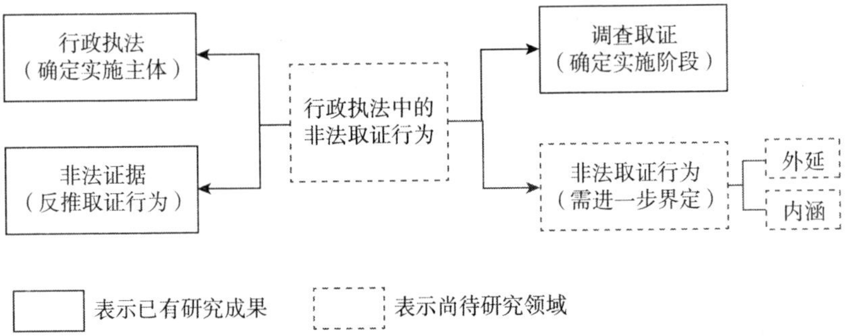

图 2-1　已有研究成果及尚待研究领域

（二）需要进一步界定的概念

非法取证行为的外延，应从该行为违反的“法”的范围入手。本书对非法取证行为所违反的“法”的范围做广义理解，指法律规范渊源概念在我国所涵盖的范围，包括宪法、法律、行政法规，以及能够约束到该行政机关的地方性法规、自治条例、规章、法律解释甚至行政规范性文件。理由有二：其一，2002 年《最高人民法院关于行政诉讼证据若干问题的规定》第五十五条规定，法庭在审查证据的合法性时，必须审查“证据的取得是否符合法律、法规、司法解释和规章的要求”，可见行政机关取证的法定依据，不限于法律，还包括其他效力位阶的法律规范。其二，从行政“控权”角度出发，非法取证行为中“法”的外延越宽泛，对行政机关取证行为的评价就越严格，有利于促进依法行政，加快法治政府建设。

非法取证行为的内涵，应从该行为侵犯的“法益”入手。就简便性而言，通过对非法证据种类的反向推导，亦可获知非法取证行为，但该方法得到的结论尤为零碎，缺乏体系性。2019 年最高人民法院行政审判庭主审法官阎巍博士在其著作中系统论述了非法证据排除规则的发端国——美国通过一系列宪法修正案及判例确立该规则的历程，[①]发现其界定的非法取证行为，均涉及对宪法所保护的公民基本权利的侵犯。这些基本权利分为两大类，一类是实体性权利，如公民的生命、健康、自由及人格等权利；另一类是程序性、诉讼性权利，旨在保障上述实体性权利实现。[②] 本书赞同阎巍法官的分析，并认为具体到我国，在认定行政机关的非法取证行为时：一看是否侵犯我国《宪法》规定的公民基础性实体权利，如《宪法》第三十七条至第四十条规定的自由、人格、住宅、通信秘密等公民在人身和财产方面最基本的权利。二看是否侵犯旨在维护上述基本权利而制定的程序性权利，如我国不同位阶法律规范中规定的告知、听取陈述申辩等程序。

综上，本书认为，行政执法中的非法取证行为，是指行政机关履行公共管理职责，在开展调查取证的过程中，违反宪法、法律、行政法规，以及能够约束到其自身的地方性法规、自治条例、规章、法律解释甚至行政规范性文件，旨在捍卫公民基本权利而设置的实体规则与程序规则之行为。

二、性质探讨

行政执法中的非法取证行为，由代表国家行使公共管理职能的行政机关实施，因调查取证中的行为失范而产生，对他人合法权益造成直接或间接的侵害，招致各方的负面评价。由此窥见该行为蕴含的四个性质。

---

① 大致历程是：《美国宪法第四修正案》确立的排除非法查封和扣押取得的证据，《美国宪法第五修正案》确立的排除强迫性询问取得的非自愿供述，《美国宪法第六修正案》确立的排除侵害及时传讯和律师帮助权取得的证据。此外，美国司法系统还通过一系列判例，确立了米兰达规则，要求警察在讯问前必须明确告知嫌疑人享有沉默权和律师帮助权，否则所取得的供词将被排除。

② 阎巍：《行政诉讼证据规则：原理与规范》，法律出版社 2019 年版，第 138-143 页。

（一）公权性与变异性

1. 公权性

从主体上看，非法取证行为的实施主体是行政机关，行政机关是执行公共意志的机器，具备国家属性。从目的上看，非法取证是为后续作出行政决定服务的，最终目的是实现公权力的公共事务管理职能。即使在部分滥用职权的执法情形下，非法取证行为系执法者或掌权者出于某些私心，但其在执行过程中也不得不披上公权的外衣。从手段上看，非法取证必须通过调动国家权力才能实现。正是因为公权力的加码，使得行政执法非法取证行为较民事非法取证行为对相对人的权益损害更大。

2. 变异性

非法取证行为由公权力运行过程中的法定取证行为变异而来。行政机关在取证中或违反法定程序，或违反法律强制性规定，或侵害相对人权利，从而生下非法取证行为这个“畸形儿”。在公法学视域下，公法学者“自始都会对权力心存芥蒂，也会时时防御公权不受约束的扩张而对个人自由和权利的吞噬”，“公法最紧要的仍旧是守住国家作用的界限，约束公权行使的疆域，避免其蜕变成吞噬一切的利维坦”①。在行政执法过程中，对变异性的防范，即是避免公权力“蜕变成吞噬一切的利维坦”；而变异性的存在，也使得非法取证行为具有独立于行政执法及一般取证行为的研究意义。

---

① 赵宏：《权力的边界》，云南人民出版社 2023 年版，第 279 页。

（二）侵益性与负面性

1. 侵益性

非法取证行为对相对人的合法权益，产生了直接或间接的侵害。直接侵害表现为，暴力逼供侵害相对人的生命、健康及身体权；秘密取证侵害相对人的隐私及个人信息权；诱惑取证侵害相对人的思想自由权及免予自证己罪的权利；违反法定程序取证侵害相对人的程序参与权等。间接侵害表现为，在非法取证行为下，行政机关依据错误的事实认定作出错误的行政决定，侵害相对人对实体结果本应享有的公平正义。

2. 负面性

非法取证行为与法治精神、行政法基本原则及我国的大政方针相悖，在现代社会遭受负面性、否定性评价。法治精神要求政府必须受到法的约束，以确立一种符合理性、保障人类利益的社会秩序，非法取证行为是政府为实现公共管理目的而恣意妄为的表现，将有损法治的理性秩序。依法行政原则的核心是“法无授权即禁止”，任何成熟且理性的法律，都不会授权政府非法取证。《法治政府建设实施纲要（2015—2020年）》要求健全行政执法调查取证制度，《法治政府建设实施纲要（2021—2025年）》更是明确要求加强对非法取证行为的源头预防，严格执行非法证据排除规则，从而彻底否定非法取证行为。

三、历史流变及启示

在研究历史上的行政执法中的非法取证行为之前，有必要明确一个问题，即古代世界及古代中国是否存在行政执法，本书的观点是肯定的。

首先，古代存在广义的行政。诚然，行政法是近代西方资产阶级革命的产物，并首先诞生于大革命后的法国。[①] 但没有行政法，并不代表一个国家就无行政。“行政”一词自诞生起，就有“管理”之意，只要一国政权在对国家事务进行管理，就是在行政。[②] 只是彼时的行政，尚存在“行刑不分”“行民不分”的特点。

其次，古代存在执法行为。法的本质是统治阶级制定的社会规范，古巴比伦的《汉谟拉比法典》、古罗马的《十二铜表法》，以及中国古代各朝颁布的律、令等，均是国家背书的社会规范。官僚体系执行该社会规范，就是执法。只是当时的执法带有执行特权阶级命令或意志的色彩，缺乏民主性。

（一）基于世界法制史的观察

行政法诞生前，世界各国的国家治理呈现“行刑不分”现象。行政执法中的非法取证行为杂糅于刑事司法中，如暴力取证。古代诸国均允许一定程度的暴力取证，“拷问的各个阶段、时限、刑具、绳索的长度、重物的重量、讯问官干预的次数等，所有这些在因地而异的刑律上都有详细的规定”[③]。故仅当超出法律规定进行暴力取证时，才构成非法取证行为。即便如此，古代先贤仍对暴力执法行为产生质疑。古希腊时期亚里士多德就曾提出：“拷问得来的口供并不真实，因为有很多人老奸巨猾，或者厚颜无耻，还有不少内心高傲之人，他们能够承受一切逼供刑讯；然而那些怯懦之人或胆小怕事之人，却只有在没有看到种种刑之前才能鼓足自己的勇气，由此可以得知，拷问一点也

① 周佑勇：《行政法原论》（第三版），北京大学出版社 2018 年版，第 18 页。

② 姜明安：《行政执法研究》，北京大学出版社 2004 年版，第 1 页。

③ ［法］米歇尔·福柯：《规训与惩罚：监狱的诞生》（修订译本），刘北城、杨远婴译，生活·读书·新知三联书店 2012 年版，第 44 页。

不可信。”① 近代启蒙思想，对暴力逼供展开系统性反思。孟德斯鸠曾质疑暴力逼供的必要性：“今天在我们眼前就有一个治理得很好的国家（指英国），它禁止拷问罪犯，但并没有发生任何不便。因此，可知，拷问在性质上并不是必要的。”② 伏尔泰认为，暴力逼供是宗教偏见的产物。③ 贝卡里亚系统批判暴力逼供，认为其会让强壮的违法者获得释放，并使软弱的无辜者遭受处罚。④ 上述反暴力的人文关怀，成为后续暴力取证在行政执法活动中丧失正当性的思想源头。

法国大革命前后，行政法理念在欧洲大陆逐步诞生，行政执法非法取证行为开始以独立姿态见诸史料，如行政诱惑取证。17 世纪法国大革命前夕，法国国王路易十四经常利用行政诱惑取证逮捕革命者或清除政敌。拿破仑帝国建立起世界上第一个秘密警察组织，大规模开展执法的暗中诱惑调查活动。到 18 世纪中叶，据估计法国已有一万多名线人遍布全国各地。英国由于受到地方社会进步运动和爱尔兰独立主义的威胁，在 1881 年至 1887 年成立了特别调查机构，运用行政诱惑取证来维护社会治安。⑤

“二战”后世界局势的变化，对行政执法非法取证行为产生实质和程序的双重影响。在实质上，世界范围内的人权保护运动高涨，各国

---

① 苗田力主编：《亚里士多德全集·第九卷》，中国人民大学出版社 2016 年版，第 405 页。

② ［法］孟德斯鸠：《论法的精神》（上册），张雁深译，商务印书馆 1978 年版，第 93 页。

③ ［法］伏尔泰：《论宽容》，蔡鸿滨译，花城出版社 2007 年版，第 8、16 页。

④ ［意］贝卡里亚：《论犯罪与刑罚》（四十七章版），黄风译，中国方正出版社 2004 年版，第 35-40 页。

⑤ 吴亮：《行政调查中的诱惑取证研究》，中国政法大学出版社 2017 年版，第12 页。

相继签署诸多保障人权的国际文件。[①] 行政调查取证一旦侵害他人合法权益，会受到各国法律的负面评价。在程序上，美国于 1946 年颁布了《联邦行政程序法》，由于该法质量上乘，加之战后美国举足轻重的国际地位，德国、奥地利、西班牙、加拿大等主要西方国家纷纷效仿美国立法；到 20 世纪 90 年代，《行政程序法》的立法浪潮蔓延至东欧和东亚。[②] 世界范围内对行政程序的规制加强，压缩了违反法定程序取证的合法性空间。

（二）基于我国法制史的观察

在我国古代，“行政与司法不分、侦查与审判不分，行政长官不但司职审判，亦有侦查之权责”[③]。行政执法中的非法取证行为时常与刑事司法杂糅。司马迁在《史记·酷吏列传》中记载，西汉早年有数十个令人闻风丧胆的酷吏。他们在执法时不乏暴力逼供、威逼认罪、因

---

① 1946 年《联合国宪章》在“序言”中“重申基本人权，人格尊严与价值，以及男女与大小各国平等权利之信念”，并以尊重和保护人权作为宗旨之一。1948 年《世界人权宣言》第五条规定：“任何人不得加以酷刑，或施以残忍的、不人道的或侮辱性的待遇或刑罚。”1966 年《公民权利和政治权利国际公约》第七条规定：“任何人均不得加以酷刑或施以残忍的、不人道的或侮辱性的待遇或刑罚。特别是对任何人均不得未经其自由同意而施以医药或科学试验。”1975 年《保护人人不受酷刑和其他残忍、不人道或有辱人格待遇或处罚宣言》第一条和第七条、1984 年《禁止酷刑和其他残忍、不人道或有辱人格的待遇或处罚公约》第一条和第四条，均对酷刑作出明确定义，并要求各成员国宣布酷刑在本国国内非法。2006 年《保护所有人免遭强迫失踪国际公约》，丰富了 21 世纪联合国人权保障实践。柳华文：《联合国与人权的国际保护》，载《世界经济与政治》2015 年第 4 期，第 23、30 页。

② 王景斌、蔡敏峰主编：《行政法原理》，北京大学出版社 2016 年版，第 285-288 页。

③ 郑曦：《中国古代讯问制度简论：一部刑讯的历史》，载《中国政法大学学报》2015 年第 2 期，第 51 页。

收取贿赂而停止调查等行为。[①] 汉代的“诏狱”和“大谁何”、唐代的“丽景门”和“不良人”、宋代的“诏狱”和“内军巡院”等特务机构，在公开的律例、刑章，公开的军校和法庭不够用，也不便用的情况下……他们用秘密的方法侦伺、搜查、逮捕、审讯、处刑。[②] 明史中，对锦衣卫和东西厂有“捕风捉影，每附会以仇其奸，非法拷讯，时威逼以强其认”[③] 的描述。清朝统治集团也曾三令五申地禁止滥刑和非刑……但事实上，如同历代一样，以种种法外非刑进行拷讯，一直是清代司法审判中的一种普遍现象。[④]

在我国近代，随着西方法制理念的传入，民众对行政执法非法取证行为的认识出现转机。先是晚清修法大臣沈家本在考察西方法律制度后，于 1906 年主持起草《刑事民事诉讼法草案》，明确禁止一切“暴力”“语言威吓”“交逼”等非法取证行为，实施非法取证的官员将被“降革治罪”。[⑤] 随后，内阁总理大臣奕劻等人上奏《行政裁判院编织法草案》，声称“按立宪国官制，立法、行政、司法三权并峙，各有专属，相辅而行”。[⑥] 虽然上述两部草案，前者因保守势力阻挠，后者因辛亥革命来临，均未落地，但非法取证意识与行政权独立意识的两相加总，为民众日后认识行政执法中的非法取证行为提供了思想基础。

---

① 暴力逼供的原文表述为“奸猾穷治，大抵尽靡烂狱中，行论无出者”，威逼认罪的原文表述为“会狱，吏因责如章告劾，不服，以笞掠定之”，因收取贿赂而停止调查的原文表述为“水衡阎奉朴击卖请”。（汉）司马迁撰，（宋）裴骃集解，（唐）司马贞索隐，（唐）张守节正义，责任编辑王勇：《中华国学文库·史记》，中华书局 2011 年版，第 2717-2736 页。

② 吴晗：《明代的锦衣卫和东西厂》，台海出版社 2018 年版，第 34 页。

③ （清）王灏、傅维鳞：《畿辅丛书·明书》，王氏谦德堂 1879 年，卷 73《刑法志》（影印版无页码）。

④ 赵晓华：《晚清讼狱制度的社会考察》，黑龙江教育出版社 2019 年版，第 193 页。

⑤ 《刑事民事诉讼法草案》第十七条规定：“凡审讯一切案件，概不准用杖责、掌责及他项刑具或语言威吓、交逼，令原告、被告及各证人偏袒供证，致令混淆事实。”张晋藩：《中国近代社会与法制文明》，中国政法大学出版社 2003 年版，第 387 页。

⑥ 何海波：《行政诉讼法》（第三版），法律出版社 2022 年版，第 8 页。

（三）基于我国文艺作品的观察

《水浒传》第七回“林冲误闯白虎堂”中，高太尉欲陷害林冲，先让线人将一口宝刀卖给林冲，次日以赏刀为由，引诱林冲带刀进入军机禁地白虎堂，致使林冲因“手执利刃，误入节堂”（类比今天的“携带管制刀具”）被处“脊杖二十，刺配远恶军州。”① 有行政法学者指出：“当事人没有任何的违法犯罪意图，而执法人员故意采取计划陷害当事人，使其形成违法犯罪事实，可称为‘陷害式钓鱼执法’。”②《水浒传》中，林冲本无携带武器私闯白虎堂的违法意图，高太尉却故意设计使违法事实形成，在某种程度上，可谓是“孙中界钓鱼执法案”的古代文学翻版。

周星驰的电影《九品芝麻官》中，县官包龙星通过欺诈的方式，套取大反派常威的供述，最终定案，结局皆大欢喜。用现代人的视角拍摄古装影视剧，难免有“以今述古，以古讽今”的意味。在当下，行政执法中的欺诈取证，无疑是非法取证行为。③

（四）启示

首先，世界范围内对合法取证行为的要求“由宽入严”，对非法取证行为的认定“由简入繁”。从最初的法定暴力取证，到西方资产阶级革命后基于限制政府权力而衍生出的各项行政程序规则，再到“二战”后把保护人权放到法治的制高点，行政机关稍有恣意，就可能踩到非

① （明）施耐庵、罗贯中著，黄霖校点：《水浒传》，浙江古籍出版社 1996 年版，第 69-72 页。

② 吴亮：《行政调查中的诱惑取证研究》，中国政法大学出版社 2017 年版，第 227 页。

③ 《治安管理处罚法》第七十九条，《公安机关办理行政案件程序规定》第二十七条第二款，2018 年《行政诉讼司法解释》第四十三条第一款第三项，均将以欺诈或欺骗手段取得的证据，界定为“以非法手段收集的证据”，不能作为定案依据。

法取证的红线。

其次，中国对行政执法中的非法取证行为的系统性认知，主要源于西方文明的输入。中国根植于农耕文明之上，向来有集体主义、结果主义的传统。集体利益相较于个人利益具有天然的崇高性，“重结果—轻过程”的思维定式，让古人更愿意祈求一个铁面无私的“包青天”，而疏于防范非法取证的制度建设。

最后，文艺虽高于生活，却源于生活；虽含有文人骚客的艺术加工，却又是市井民生的真实写照。考察文艺作品中折射的行政执法非法取证行为，有利于了解不同时期民间对该行为的认知和态度。在人民大众看来，反面人物实施非法取证，一定是为了达到某些不可告人的邪恶目的，应当唾弃。相反，只要结局是惩恶扬善，执法过程中的“小伎俩”亦是可以容忍的，观众甚至还会夸赞正面人物的足智多谋和导演编剧的天马行空。这体现了人民大众“脸谱化”的社会认知，以及“重实体、轻程序”的朴素正义观念。

综上，在分析我国当下行政执法中的非法取证行为时，要顺应正当程序、人权保障等世界大势，结合中国“效率至上”“结果主义”“重实体”的实际，提出既回应现实执法需求，又符合人民朴素期许的优化构想。

第三章　行政执法中非法取证行为的规制成效与困境

一、规制成效

对行政执法中的非法取证行为的规制，是中国社会法治转型的一部分，是国家治理体系变革的重要一环。随着二十年来法制的逐步完善，我国针对行政执法中的非法取证行为，取得了四大规制成效。

（一）行政执法取证行为规范的制定

制定取证行为规范，有助于减少非法取证行为的发生。我国行政法的发展历程，亦是取证行为规范逐步制定的过程。在立法层面，国家颁布《行政处罚法》《行政许可法》《行政强制法》，规范了包含调查取证在内的行政机关实施处罚、许可、强制时的各项行为。在司法层面，各级法院根据《行政诉讼法》及相关司法解释依法裁判，倒逼行政机关规范取证。在执法层面，国务院为推进依法行政、建设法治政府，于1999年颁布《国务院关于全面依法行政的决定》、2004年出台《全面推进依法行政实施纲要》、2008年印发《国务院关于加强市县政府依法行政的决定》、2010年发布《国务院关于加强法治政府建设的意见》、2015年印发《法治政府建设实施纲要（2015—2020年）》、2021年颁布《法治政府建设实施纲要（2021—2025年）》及《国务院关于进一步贯彻实施〈中华人民共和国行政处罚法〉的通知》、2023年印发《提升行政执法质量三年行动计划（2023—2025年）》。此外，中央全面依法治国委员会也于2022年印发了《关于进一步加强市县法治建设的意见》。这些纲领性文件中不乏对规范行政执法及调查取证的强调、要求及指示。

分析上述法律规范及文件，发现我国行政执法取证行为规范主要包括三部分内容——原则、实体规则和程序规则，取证行为若违反上述规范，将受到否定性评价（如图3-1所示）。

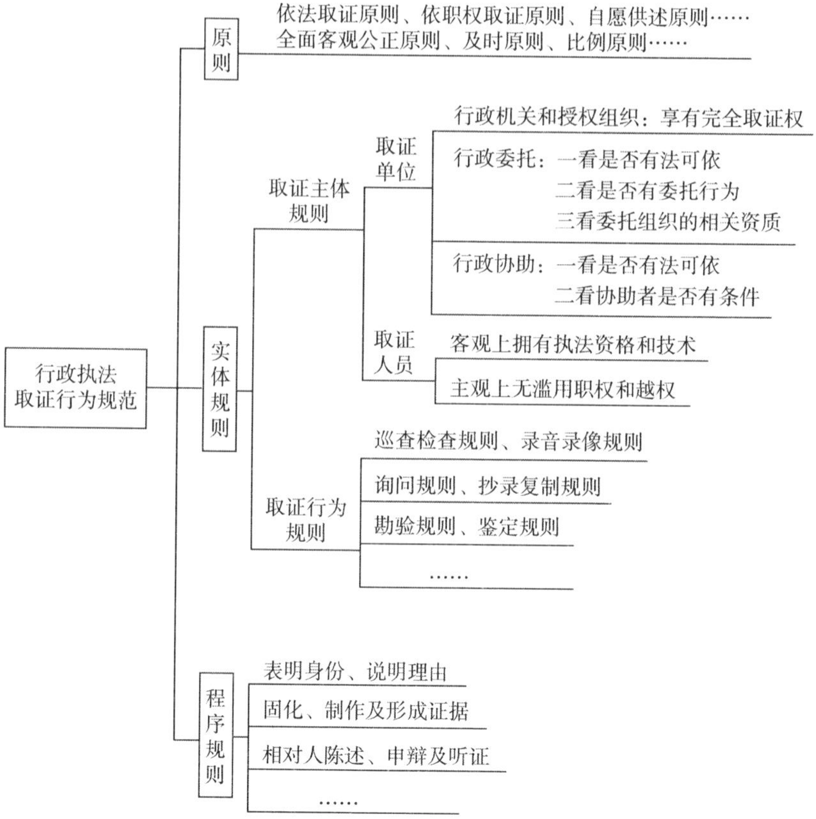

图3-1　行政执法取证行为规范

(二) 行政非法证据排除规则的设置

为遏制行政机关非法取证，我国立法分别设置了“行政执法非法证据排除规则”（以下简称“执法排除规则”）和“行政诉讼非法证据排除规则”（以下简称“司法排除规则”）。两套规则共同构筑行政非法证据排除规则的制度防线。

执法排除规则，是行政机关在执法过程中遵守的自律防线。其源自对刑事诉讼规则的借鉴，1979 年《刑事诉讼法》明确规定“严禁刑讯逼供和以威胁、引诱、欺骗以及其他非法的方法收集证据”，开创了我国诉讼法领域明确非法取证行为的先河（详见附录一）。该规定随即被吸收进 2003 年《公安机关办理行政案件程序规定》第二十六条第二款、2004 年《海关行政处罚实施条例》第四十三条、2006 年《治安管理处罚法》第七十九条等行政执法规则中，并增加规定以非法手段取得的证据不能作为定案根据。2008 年以后，湖南、江苏等省兴起“行政程序地方性立法运动”。其立法运动的显著特征之一，是尽量利用已经成熟的行政诉讼规则，填充尚属空白的行政执法规则。因此，行政执法非法证据排除规则，又转向对行政诉讼规则的借鉴。2021 年 1 月，全国人大常委会公布修改后的《行政处罚法》，增加的第四十六条第三款规定，“以非法手段取得的证据，不得作为认定案件事实的根据”，表明继多次出现在部门行政法和地方立法后，非法证据排除规则终于在行政基础法中得以确立。[①]

司法排除规则，是人民法院通过行政审判实现的他律防线。其缘起于 2000 年发布的《最高人民法院关于执行〈中华人民共和国行政诉

---

① 姜明安:《行政执法研究》，北京大学出版社 2004 年版，第 5 页。

讼法〉若干问题的解释》（以下简称 2000 年《行政诉讼司法解释》）第三十条“被告严重违反法定程序收集的其他证据”不能作为认定被诉具体行政行为合法的根据。成形于 2002 年通过的《最高人民法院关于行政诉讼证据若干问题的规定》（以下简称 2002 年《行政诉讼证据规定》）第五十七条第（一）、（二）、（三）项，第五十八条。经 2014 年《行政诉讼法》第四十三条在法律层面的确认，2018 年《最高人民法院关于适用〈中华人民共和国行政诉讼法〉的解释》（以下简称 2018 年《行政诉讼司法解释》）第四十三条的略微修改，终有今日之状貌。

（三）行政非法证据认定的明确

“非法证据”（evidence illegally obtained）是个舶来概念，英文原意指以非法手段取得的证据。但“非法证据”一词进入我国后，与我国本土“证据三性”及其中的“证据合法性”结合，“非法形式的证据”“非法使用的证据”也被囊括进“非法证据”中，造成适用混乱。随着立法的不断完善，行政非法证据的认定逐步从混乱走向明晰（如图 3-2 所示，更为详尽的情况参见附录二）。

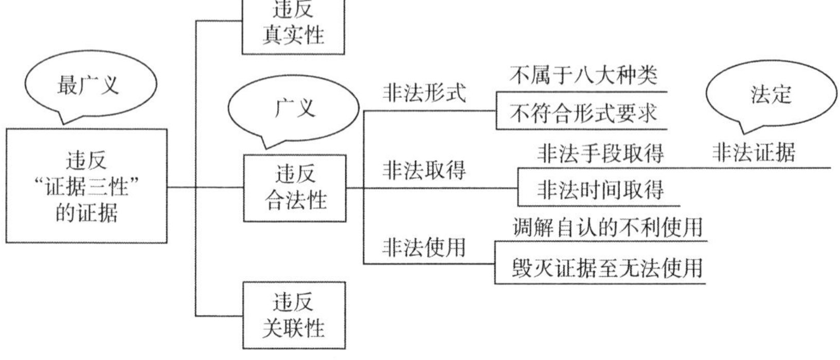

图 3-2　行政非法证据的认定从混乱走向明晰

第一阶段，认定范围的初步形成。1979 年和 1996 年《刑事诉讼法》不仅将非法证据限定为“以非法方法收集的证据”，还将“非法方法”具象为“刑讯逼供、威胁、引诱、欺骗”四种形式。借鉴上述规定而制定的《公安机关办理行政案件程序规定》《海关行政处罚实施条例》《治安管理处罚法》，并未对相关内容进行修改。2000 年《行政诉讼司法解释》第三十条规定的“被告严重违反法定程序收集的其他证据”不能作为认定被诉具体行政行为合法的根据。2002 年《行政诉讼证据规定》第五十七条在原有思路上，又增添一类非法证据，即“以偷拍、偷录、窃听等手段获取侵害他人合法权益的证据”，并在第五十八条“兜底”规定凡“以违反法律禁止性规定或者侵犯他人合法权益的方法取得的证据”，均是非法证据。至此，行政非法证据一增为四：其一，严重违反法定程序收集的证据；其二，以偷拍、偷录、窃听等手段获取侵害他人合法权益的证据；其三，以暴力逼供、胁迫（威胁）、利诱（引诱）、欺诈（欺骗）等手段获取的证据；其四，以违反法律禁止性规定或者侵犯他人合法权益的方法取得的证据。

第二阶段，地方执法的挑战与国家立法的平衡。非法证据的认定范围越明确，越束缚地方执法部门手脚，一些地方政府出于本地社会管理的需要，出台地方性规范，试图对原有认定范围进行限缩。以 2006—2010 年部分地区打击私家车非法客运活动为例，曾有地方政府出台规范，规定“现场笔录、现场录音、录像”可以作为认定非法客运的证据，结果促成了“秘密取证条款”，一时间当地行政机关秘密取证现象盛行，引发社会关注；也曾有地方政府专门出台“市民有奖举报制度”，结果促成了“线人取证条款”，一时间“市民卧底”现象盛行，甚至出现由市民组成的“职业举报群体”，引发各界对取证主体资格的争议与反思。① 2014 年全国人大常委会颁布修改后的《行政诉讼法》，第四十三条首次明确“以非法手段取得的证据，不得作为认定案件事实的根据”，重新凝聚起从中央到地方，立法、司法、执法各界排除行政非法证据的共识。

第三阶段，认定范围的改良。2018 年《行政诉讼司法解释》第四十三条，对行政非法证据的原有认定范围进行修改。一方面不再进行兜底规定，另一方面将此前具体的“偷拍、偷录、窃听等手段”抽象为“违反法律强制性规定的手段”。至此，行政非法证据认定的“三分法”沿用至今：其一，严重违反法定程序收集的证据；其二，以违反法律强制性规定的手段获取且侵害他人合法权益的证据；其三，以暴力逼供、胁迫（威胁）、利诱（引诱）、欺诈（欺骗）等手段获取的证据。

（四）改良行政非法证据排除规则的尝试

理论界和实务界对行政非法证据排除规则的研究热情高涨。在知网、万方、当当等平台检索近十年的研究成果，截至 2023 年 12 月，共检索出发表在北大核心和南大 C 刊上的期刊论文 64 篇、博士学位论文 3 篇、硕士学位论文 30 余篇，专著 8 本。研读上述成果，发现学界对行政非法证据排除规则，已研讨出多项改良方案，内容涵盖指导思想、基本原则、实体及程序规则、配套制度建设，并试图向实践层面推广（如图 3-3 所示）。

---

① 吴亮：《行政调查中的诱惑取证研究》，中国政法大学出版社 2017 年版，第 218-228 页。

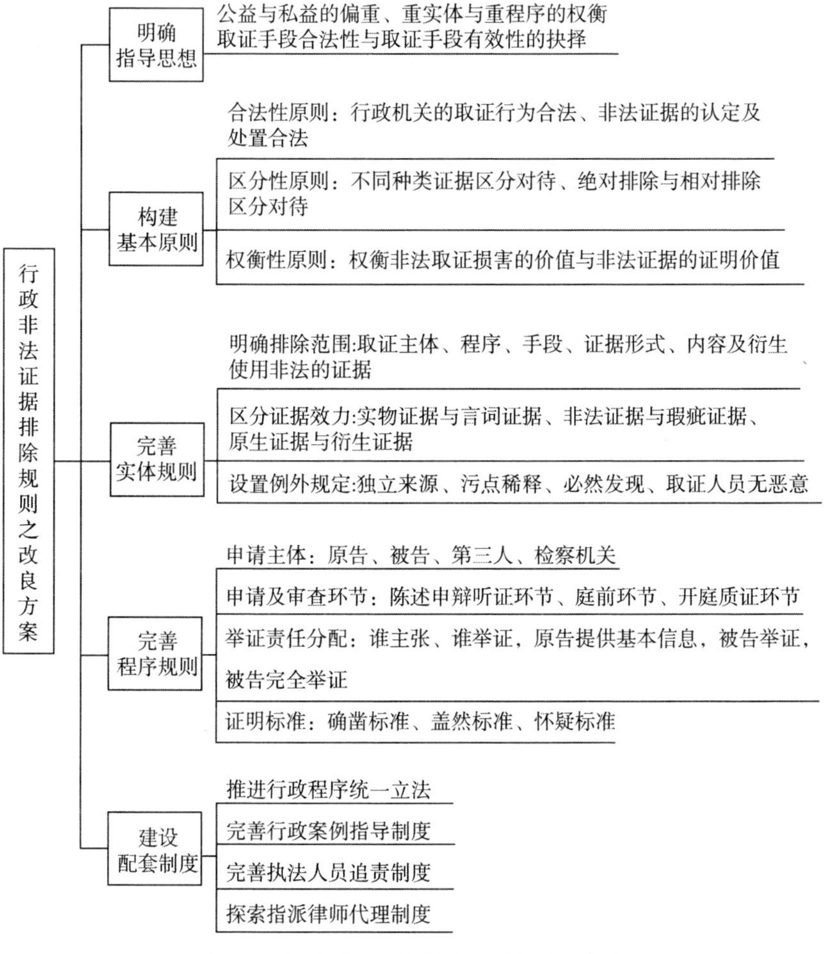

图 3-3　行政非法证据排除规则的改良方案

二、规制困境

上述针对行政执法中的非法取证行为的各项规制手段，在达到一定成效后，终究因为自身的局限而陷入效能“瓶颈”，整体上造成行政执法中的非法取证行为的规制困境。

（一）法定取证手段的局限

基层执法点多面广，社会环境复杂多变。法定取证手段虽能满足行政执法的日常需求，却难以在部分疑难案件中发挥作用。笔者曾以2018—2019年某西部省会城市“电视问政”节目为切入点，发现法定取证手段的诸多局限。

首先，对隐蔽性较高案件的取证，受限于个别规范内容的滞后。在保健食品虚假宣传系列案件中，虚假宣传行为的隐蔽性较高，如依据《行政处罚法》的规定，执法人员在调查取证时必须表明身份，否则可能会因程序违法导致所获取的证据被排除。但在现实执法办案中，不法分子只会针对衣着平常的普通人开展虚假宣传，一旦执法人员表明身份，不法分子随即停止活动。现有规范限缩了行政执法中便衣取证、卧底取证的空间。

其次，对分散性较强案件的取证，受限于执法力量的有限性。在小食店无证照经营、销售不合格食品系列案件中，小食店的分散性较强，有限的执法力量，无法全天候覆盖分散于辖区内的所有小食店，更无法随时对小食店的违法行为进行取证。执法力量有限与执法对象分散之间的矛盾难以调和。

最后，对流动性较大案件的取证，受限于传统执法的人力化。在非法私开加油点系列案件中，非法加油车的流动性较大，执法人员不可能仅凭车辆外观就准确判定其是非法加油车，更不可能将所有车辆都拦停检查，体现出传统人力取证手段在应对流动性较大案件时的局限性。

（二）非法证据排除规则的缺陷

虽然我国立法分别在行政执法和行政诉讼阶段设置了“执法排除

规则”和“司法排除规则”，但规则自身存在缺陷，有时甚至导致规则的执行陷入困境。

首先，司法排除规则的缺陷，表现在两个方面。其一，功能性缺陷。现有规则对非法证据的处理缺乏弹性，采取“绝对排除”，并不考虑例外或补正的情况，造成“一刀切”。有时亦可能妨碍行政处罚权的有效行使，从而使违法行为免受法律制裁而愈演愈烈，给国家和社会甚至公民个人的合法权益造成巨大损害。[①] 其二，正当性缺陷。有观点认为，法院排除非法证据，实际上是以法院对行政实体性事实的判断，直接代替行政机关的事实认定。这会造成诉讼规则与执法规则的混淆、司法审判权对行政执法权的侵夺、对宪法上分权原则的违反。故法院只能整体推翻行政机关的事实认定，判决撤销行政行为，令行政机关重新作出事实认定，而不应“越俎代庖”地代替行政机关认定事实。[②]

其次，执法排除规则的缺陷，可被形象地描述为“优劣均沾”和“排异反应”。相比起步较早的行政诉讼规则体系，我国行政执法立法活动相对滞后，全国统一的行政程序法典仍未出台。[③]

---

① 江国华、张彬：《证据的内涵与依法取证——以行政处罚证据的收集为分析视角》，载《证据科学》2016年第6期，第651页。

② 张硕：《论行政非法取证行为程序性制裁——兼评〈行政诉讼法〉第43条第3款》，载《河北法学》2018年第9期，第178页。

③ 《法治政府建设实施纲要（2021—2025年）》要求加强规范共同行政行为立法……完善行政程序法律制度。《法治中国建设规划（2020—2025年）》明确健全规范共同行政行为的法律法规，研究制定行政程序法。《全国人大常委会2021年度立法工作计划》提出研究启动环境法典、教育法典、行政基本法典等条件成熟的行政立法领域的法典编纂工作。

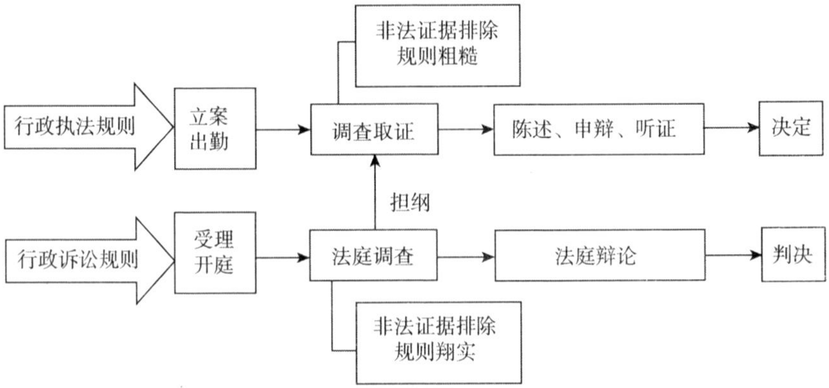

图 3-4　诉讼规则对执法规则的担纲现象

实践中经常出现“执法规则阙如，诉讼规则担纲”的现象[①]（如图 3-4 所示）。部门性、地域性执法排除规则借鉴成熟的司法排除规则的现象屡见不鲜。[②] 一方面，执法排除规则在享受司法排除规则优势的同时，也继承了相关缺陷，对非法证据处理缺乏灵活性的问题依旧存在；另一方面，正如同种异体器官移植会引发排异反应一样，行政执法实践中移植诉讼规则同样会产生“排异反应”，表现为行政权与司法权的混淆、公平与效率比例的错配、诉讼规则高要求与执法实际复杂性的矛盾等。[③] 这也是学界一再呼吁构建符合自身需求的执法排除规则

① 梁君瑜：《行政程序瑕疵的三分法与司法审查》，载《法学家》2017 年第 3 期，第 45-46 页。

② 笔者通过“北大法宝”，检索我国行政程序法律规范中的非法证据排除规则，发现在检索出的 27 部行政程序规范中，均存在对成熟诉讼规则的借鉴现象。其中，综合性行政程序规范（18 部，如《浙江省行政程序办法》）中的非法证据排除规则，是对 2002 年《行政诉讼证据规定》中相关规定的借鉴（略有增删）；行业性行政程序规范（9 部，如《治安管理处罚法》）中的非法证据排除规则，更是直接借鉴《刑事诉讼法》的规定（详见附录三）。

③ 王维民：《行政程序证据制度研究》，中国言实出版社 2014 年版，第 74-76 页。

的原因。①

再次，执法排除规则与司法排除规则存在冲突。一是排除规则运用的冲突。表现为在对通过“威胁、引诱、欺骗”取得证据的排除问题上，《公安机关办理行政案件程序规定》与《行政诉讼法》及相关司法解释中的相关规定存在冲突。《公安机关办理行政案件程序规定》第二十七条采取“区别对待”的立法方针，一方面进行概括性的规定，严禁刑讯逼供和以威胁、欺骗等非法方法收集证据；另一方面进行具体规定，对违法嫌疑人仅当采取暴力及与暴力强迫程度相当的取证手段时证据才应被排除。这就意味着，对违法嫌疑人采取威胁、引诱、欺骗等方法取得的证据不在排除之列。这或许是因为，违法嫌疑人的恶性较大，取证手段的强制性可适当提高；而证人、被害人等一般取证对象，因不具有主观恶性，甚至可能在取证中遭受二次伤害，故不应采取强制性取证手段。但依据2018年《行政诉讼司法解释》第四十三条第三项之规定，以利诱、欺诈、胁迫、暴力等手段获取的证据“均应排除”。可见，执法排除规则的“区别对待”与司法排除规则的“均应排除”相冲突。二是补正的冲突。可能是出于实际需要，部分行政执法规范为问题证据开辟了补正通道，如《公安机关办理行政案件程序规定》第二十七条第二款规定了非法实物证据的补正规则。但某省行政程序条例将补正的范围扩展到“不符合法定程序或者形式”收集的所有证据。而《行政诉讼法》及相关司法解释对非法证据采取“绝对排除”，并无补正的规定。上述两处冲突将引发法律适用悖论：

---

① 刘璐：《试论行政程序中的非法证据排除规则》，载《行政法学研究》2005年第1期，第76页。姚天宇、王勇：《“钓鱼执法”的行政违法性及其规制》，载《政治与法律》2012年第6期，第77页。赵毅、王丽丽：《公安行政非法证据排除制度之路径选择》，载《天津行政学院学报》2018年第5期，第88页。刘晓华：《治安案件非法证据排除：现状、问题与完善》，载《广西警察学院学报》2019年第4期，第33-35页。

执法人员“依法（指执法规则）”取得的证据，将被法官“依法（指司法规则）”排除。

最后，规则的缺陷导致规则执行陷入困境。司法排除规则的缺陷，导致审判时非法证据排除的总体申请率低，正确申请率更低，法院审判时故意规避率高。[①] 再考虑到日常行政执法案件最终进入司法程序的或不足千分之一，[②] 司法排除规则的执行效果及对行政机关的震慑作用还要再被稀释。执法排除规则的缺陷，加剧了取证合法性与有效性的冲突：部分重大疑难案件，难以有效搜集到定案所需的所有证据，该现象在打击保健品虚假宣传、查处企业超标排污等领域尤为凸显。另有研究发现，一些执法人员为规避严苛的刑事诉讼非法证据排除规则，存在“提前介入行政执法过程，收集行政证据之后再作为刑事案件予以立案，从而虚置刑事诉讼程序的现象”[③]，该现象的发生不乏行刑衔接制度漏洞方面的原因，但也从侧面展现出行政执法排除规则执行不严、效果不佳的现实困境。

（三）非法证据认定的漏洞

虽然非法证据认定范围已相对明确，但认定体系内部仍存在尚待填补的漏洞。

现有认定规则中仍存在诸多不确定的概念。例如，要“严重”到何种程度才构成“严重违反法定程序收集的证据”；“违反法律强制性规定的手段”及“他人合法权益”具体包括哪些；“以利诱、欺诈、

---

① 张硕：《行政诉讼非法证据排除规则适用的困境与出路——以 218 份裁判文书为样本》，载《行政法学研究》2018 年第 6 期，第 117-121 页。

② 张硕：《论行政非法取证行为程序性制裁——兼评〈行政诉讼法〉第 43 条第 3 款》，载《河北法学》2018 年第 9 期，第 186 页。

③ 张泽涛：《论刑事诉讼非法证据排除规则的虚置——行政证据与刑事证据衔接的程序风险透视》，载《政法论坛》2019 年第 5 期，第 73 页。

胁迫、暴力等手段”中的“等”，是否具有开放性，能否类推适用到其他行为上？上述概念仍需进一步界定，不是一句“充分领会‘违法证据损害的价值与违法证据本身的证明价值进行比较’这一基本方法论”[①] 就能解决的。

对行政非法证据的认定，并不是“上帝之手”一步到位构建出来的，而是在实践中逐步扩张演化而来的。演化的过程不可避免地呈现出三个特性：其一，及时性，即优先回应和解决当下的棘手问题，后续问题由后续演化来解决，不必过多考虑长远问题；其二，碎片性，即不同领域优先解决本领域内的问题，犹如在原有体系上打出一个个补丁，在整体视角下显得尤为零碎；其三，叠加性，即最终状态是由每一次演化成果叠加而成的，从体系上看呈现堆砌状。[②] 演化的三个特性使现有非法证据“三分法”的认定体系缺乏系统性，甚至出现概念混淆和逻辑混乱的情况。如在现有认定体系下，“严重违反法定程序收集的证据”是一类非法证据，“以违反法律强制性规定获取的证据”是另一类非法证据。然而法定程序属于法律强制性规定的范畴，而“严重违反法定程序”也同时“违反法律强制性规定”。认定体系的混乱，使理论和实务界不得不增设诸多“辅助线”，旨在方便适用，却加剧了现有体系的混乱。如在理论界，有学者主张依据违法性的强度将非法证据划分为“取证行为构成犯罪的非法证据”“取证行为一般违法的非法证据”“取证行为轻微违规的非法证据”；[③] 在实务界，《公安机关办理行政案件程序规定》第二十四条实际上已依据证据载体，又通过

① 阎巍：《行政诉讼证据规则、原理与规范》，法律出版社 2019 年，第 143 页。

② See David Sloan Wilson, This View of Life: Completing the Darwinian Revolution, USA, Alfred A. Knopf, 2019.

③ 金城：《行政诉讼非法证据的内涵界定》，载《行政法学研究》2002 年第 4 期，第 65-69 页。

“言词—实物”再次划分非法证据，等等。因此，笔者认为有必要对现有非法证据认定体系进行系统性整合。

（四）改良尝试受阻

改良热情的高涨，并不必然带来改良效果的落地。改良尝试在穿透现实的层层阻碍中，影响力不断衰减，到达实践末端时，或相当微弱，或变形走样，或近乎落空，以致高举轻落。阻碍主要来自以下三个方面：

第一层阻碍来自非法取证行为的自身性质。如前文所述，非法取证行为具有公权性、变异性、侵益性及负面性这四个性质，前三个性质给改良带来极大阻力。就公权性而言，权力具有自我扩张的倾向，其还会赋予掌权者得寸进尺的冲动和有恃无恐的假象，甚至借助国家名义和公共利益来粉饰自己，以致陷入“路西法效应”而浑然不知。[①]权力控制与权力善用的平衡是世界性难题，非法取证问题作为世界性难题的众多分支之一，改良难度不言而喻。就变异性而言，非法取证行为作为变异而来的“畸形儿”，时常隐匿于合法取证行为的“母体”中，不易识别，即使终于对簿公堂，也常用“提升行政效率”“创新执法方式”云云自我辩护，徒增改良方案的落地难度。就侵益性而言，非法取证行为虽因侵害相对人权益而遭唾弃，却也从客观上给行政执法带来便利，如提升结案效率、完成上级任务、实现对社会面上的管控、威慑违法分子等。若损人不利己，谁又愿意背负损人的骂名呢？在好坏参半的社会管控效果面前，一些行政机关对非法取证行为的态

① 路西法本是西方神话中上帝最宠爱的天使，由于权力欲望膨胀而最终堕落为魔鬼。有实验表明，当一个人被赋予不受监督的绝对权力时，他更倾向于展现出暴行、虐待、欺弱等人性中“恶”的一面，该现象被称为“路西法效应”。［美］菲利普·津巴多：《路西法效应：好人是如何变成恶魔的》，孙佩妏、陈雅馨译，生活·读书·新知三联书店2010年版，第1-2、231-233页。

度是复杂而迟疑的。综上，即使非法取证行为具有不言自明的负面性，改良尝试也难逃公权性、变异性及部门利己主义等因素的阻碍。

第二层阻碍来自立法、司法及执法领域对非法取证行为的态度分歧。笔者通过研读文献材料及走访一线相关部门，发现立法、司法、执法三个领域对非法取证行为的态度存在分歧。中央立法及司法机关对非法取证行为的否定态度最为坚决，出台一系列法律法规、司法解释及政策文件，希望全面遏制非法取证行为，规范行政执法活动。地方司法机关在态度上否定非法取证行为，但在行政审判中出于实质正义、社会秩序、单位关系甚至人情关系等考量，一般不轻易排除行政机关取得的非法证据。一线执法部门对非法取证行为的态度最为矛盾。一方面，通过近十几年的行政执法规范化建设，依法行政已深入人心；另一方面，唯上级论、唯任务论、唯命令论的科层制思维，让部分执法人员对非法取证行为多持“工具主义”心态——“风险大就不用，风险小了再用”，要用就要“用尽、用足、用干净”。各方的态度分歧势必制约改良合力的形成。

第三层阻碍来自人性的弱点。改良可能萌发于人性的善良面，却要能够克服人性的普遍弱点，才能真正发挥作用。这些人性的弱点是：其一，陈旧的治理理念。一些执法人员的认知还未从“管理型政府”向“服务型政府”转变，或天然地抵触任何权力规制活动，或当然地认为只要社会面上管控得好，适当采取非法取证并无大碍。其二，淡薄的法治意识。一些地方法治理念仍较薄弱，执法人员依法办事的观念不强、能力不足；一些地区为应对案多人少的局面，调动在编的非执法岗位人员，甚至不在编的聘用制“协管员”进行执法，且不论这些工作人员的执法资格是否存在问题，其常常出于法律知识和业务能力的匮乏，身陷非法取证而不知。其三，侥幸的办案心态。一些执法人员侥幸地认为当地监管不严、群众法治意识不强，即使采取非法取证也不会被发现，即使被发现也不会承担严重后果，明知非法取证而为之。其四，因利益牵连而丧失初心。执法人员本应采取超然的不偏不倚的态度，秉公执法、中立办案，这是行政执法的初心，更是正当程序原则的本意。然而极少数守不住底线的执法人员，出于完成指标、增加绩效甚至敲诈勒索的目的，恶意非法取证以实现“创收”。

中篇：制度构建

第四章　行政执法中的非法取证行为规制新思路：行为类型化规制

前述规制困境，不免引起笔者疑惑：如果越发严苛的取证行为规范，会限制法定取证手段在疑难案件中发挥作用；如果日益严格的证据排除规则，仍无法杜绝非法取证现象发生；如果理论和实务界为规则改良奔走呼号，最终仍会在现实的诸多阻碍下式微——我们是应继续在原有规制思路上"层层加码"，还是应"另辟蹊径"，寻找一条全新规制道路呢？笔者选择后者，进而提出行政执法中的非法取证行为的规制新思路——"行为类型化规制"。

一、行为类型化规制思路的形成过程

行为类型化规制思路的提出，源于对以下三个问题的追问：其一，就规制重心而言，在摆脱了旧有规制思路对事前的"执法行为规范"和事后的"非法证据排除规则"的优化后，新思路的规制重心何在；其二，就规制方法而言，面对已有的规制方法，如何实现理念的创新；其三，就实际操作而言，如何进一步细化规制方法，才能使"行为类型化规制"思路真正落地。以下分别论述。

（一）"非法取证行为"是规制重心

如图 4-1 所示，非法取证问题的逻辑链包括四个部分，依次为合法取证行为不足、非法取证行为实施、非法证据产生、排除规则运用。

运作机理是，在合法取证行为效能不足的背景下，执法人员或被动或主动地实施了非法取证行为，由此产生非法证据，对非法证据的处置构成排除规则。一言以蔽之，合法取证行为不足是“背景”，非法取证行为实施是“原因”，非法证据产生是“结果”，排除规则运用是“对结果的处置”。

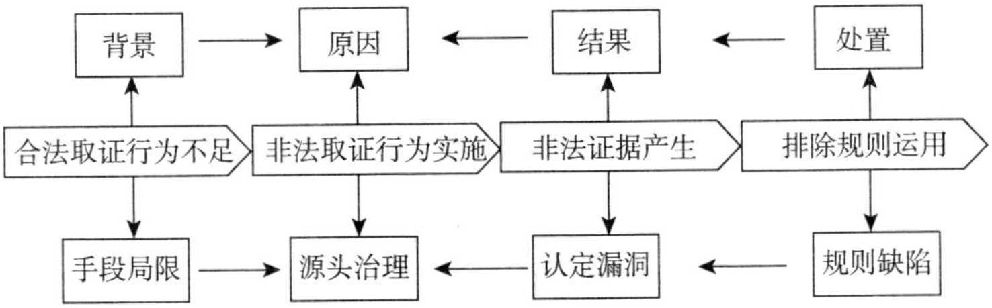

图 4-1　规制重心从“外围”转向“源头”

从规制重心看，当前规制模式呈现“重外围—轻源头”的特质——过多聚焦于“外围（两端）”的取证行为规范、非法证据认定、排除规则设置和改良，部分成果甚至已转化为国家或地方立法，却缺乏对“源头（中心）”非法取证行为的关注。但从规制成效看，法定取证手段存在局限、非法证据认定存在漏洞、排除规则存在缺陷且执行乏力、改良尝试受阻，非法取证现象依然顽疾不去，行政调查取证依旧乱象丛生。可见，规制重心与规制成效不匹配。

造成上述不匹配的可能性有二：或制度效能已饱和，或规制未击中要害。因此，有必要在非法取证问题上展开一场“供给侧结构性改革”，将规制重心从“外围”转向“源头”，实现行政执法非法取证行为的源头治理。这与国家 2020 年出台的《法治社会建设实施纲要（2020—2025 年）》中“加强对非法取证行为的源头预防”的思路相契合。

（二）“分而治之”是规制方法

规制重心转到非法取证行为后，要采用何种方法，才能实现规制效能最大化呢？笔者发现，从宏观上看，现有规制手段内含体系化的四个指向：非法取证行为预防、非法证据排除、相关人员惩戒、合法取证手段替代。可在执法实践中，若每碰到一种非法取证行为，都会往已有的四个规制指向上靠，这不仅是思维的懒惰，更容易造成“眉毛胡子一把抓”的笼统规制局面，丧失规制手段的针对性和精准性。因此，应当先对行政执法中的非法取证行为进行分类，探明每类非法取证行为的构成要件，再依据不同构成要件，分门别类地采取规制手段。通过分类规制，实现精准规制（如图4-2所示）。

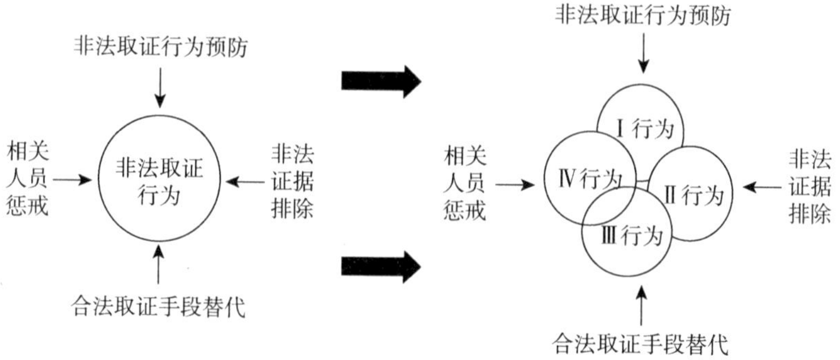

图4-2　从“笼统规制”到“分类规制”

（三）“法律规范”是分类依据

分类规制的前提，是正确分类。想要正确分类，就必须筛选出分类所依据的法律规范。从数量上看，我国当前涉及行政执法中的非法取证行为的法律规范，层级繁多、体量庞杂；但从内容上看，多数规范属于重复立法（详见附录三）。其中，位阶最权威、门类最齐全、表述最完善的，仍是2018年《行政诉讼司法解释》第四十三条。其他规范中的相关内容，要么被第四十三条归纳，要么是第四十三条的翻版。

2018年《行政诉讼司法解释》第四十三条规定：有下列情形之一的，属于……“以非法手段取得的证据”：（1）严重违反法定程序收集的证据材料；（2）以违反法律强制性规定的手段获取且侵害他人合法权益的证据材料；（3）以利诱、欺诈、胁迫、暴力等手段获取的证据材料。值得注意的是，以《治安管理处罚法》为代表的部分规范，将非法取证行为表述为“刑讯逼供或者采用威胁、引诱、欺骗等非法手段”，实质上仍属于第四十三条第三项的内容，只是字面表述有差异。

对2018年《行政诉讼司法解释》第四十三条进行解析，找出对应的非法取证行为，以及其他构成要件。构建行政执法中的非法取证行为的三大类型——“程序违法类”“实体违法类”和“特定行为类”（见表4-1）。

表4-1 对相关法律规范的解析与重构

法律规范表述	对法律规范表述的解析		非法取证行为类型化重构
	行为表现	其他条件	
“严重违反法定程序收集的证据材料”	违反法定程序进行取证	达到严重程度	“程序违法类”非法取证行为
“以违反法律强制性规定的手段获取且侵害他人合法权益的证据材料”	违反法律强制性规定进行取证	侵害他人合法权益	“实体违法类”非法取证行为
“以利诱、欺诈、胁迫、暴力等手段（刑讯逼供或者采用威胁、引诱、欺骗等非法方法）获取的证据材料”	暴力逼供	无条件	“特定行为类”非法取证行为
	胁迫（威胁）		
	利诱（引诱）		
	欺诈（欺骗）		
	恶性程度相当的其他行为		

"程序违法类"非法取证行为。将"严重违反法定程序收集证据材料"的行为认定为非法取证行为，是立法对程序正义的一贯追求。① 同时，用违法性的严重程度作为构成条件，旨在平衡程序正义与实质正义。

"实体违法类"非法取证行为。在剥离了程序性规定后，剩下的便是实体性规定。实体性规定又可分为任意性规定和强制性规定。任意性规定授予行政机关自主裁量的权力，不存在"违反"之说。强制性规定或科以义务或令行禁止。因此，将"以违反法律强制性规定的手段获取证据"的行为纳入非法取证行为的考虑范畴，是对法律规范中义务性规定和禁止性规定的捍卫。同时，在认定方式上将行为的违法性与结果的侵益性相结合，是为了更好地兼顾提升行政效能和保障公民权利的双重目标。需要明确的是，"法定程序"也是一种"强制性规定"，故"违反法定程序"也是"违反强制性规定"。但考虑到"违反法定程序"的取证行为已被纳入"程序违法类"非法取证行为，为防止概念混淆和逻辑混乱，此处的"违反强制性规定"仅是指违反实体部分的强制性规定。

"特定行为类"非法取证行为。暴力逼供、胁迫（威胁）、利诱（引诱）、欺诈（欺骗）等行为"是对人权的严重侵犯，是现代法治国家无法容忍的残暴行为……将其单独列出，就是为了进一步强调，采

① 程序正义常表现为"正当法律程序原则"（Due Process of Law），其萌芽于英国《大宪章》第三十九条"非经国法或同级贵族裁判，任何自由人不得被逮捕、监禁、没收财产、剥夺法律保护权、流放，或加以任何其他损害"。《美国宪法第五修正案》的表述最为经典："未经正当法律程序，不得剥夺公民的生命、自由或者财产。"《法治中国建设规划（2020—2025年）》明确"非因法定事由、非经法定程序不得限制、剥夺公民、法人和其他组织的财产和权利"可谓是该原则的中国版表述。当今社会，程序正义已成为遏制公权力恣意专断的有力武器。

取这种手段收集的证据，应当将其完全从可以定案的证据中排除出去”①。因此，对该类非法取证行为的认定，并不需要附加条件。同时，立法在上述行为后加了“等行为”的表述，说明还包括与上述行为恶性程度相当的其他行为。

至此，本书对行政执法非法取证行为类型化重构的主体部分已基本完成，接下来逐一讨论每类非法取证行为的内部构造。

二、“程序违法类”非法取证行为

依据现行法律规定，构成“程序违法类”非法取证行为，需要满足两个条件：其一，存在违反法定程序的取证行为；其二，前述行为的违法性达到“严重”程度。

（一）违反法定程序的取证行为

首先，笔者分析了《行政处罚法》《行政许可法》《行政强制法》《治安管理处罚法》《人民警察法》《政府信息公开条例》《国有土地上房屋征收与补偿条例》《道路交通安全违法行为处理程序规定》八部行政法规范中的调查取证程序规定，以尽可能多地挖掘我国行政执法中违反法定程序的取证行为（详见附录四）。其次，归纳总结上述行为，得出违反法定程序的取证行为共五个大类，若干小类（见表4-2）。

表4-2　违反法定程序的取证行为

行为大类	行为小类
违反表明身份及职权程序	执法人员未着装，设备未具有外部标识， 未出示证件，未出示证明文件（令、状）， 未口头明示公职身份

① 蔡小雪：《行政诉讼证据规则及运用》，人民法院出版社2006年版，第224页。

续表

行为大类	行为小类
违反告知说明程序	未予以指导、释明、说明理由， 未进行提醒（包括一次性告知），未公示， 未告知权利，未告知救济
违反相对人参与程序	剥夺相对人递交材料程序，剥夺相对人补正程序， 剥夺相对人陈述、申辩、听证、表达意见的程序， 剥夺相对人核对程序
违反公正性保障程序	执法人员少于二人（普通程序）， 未通知监护人到场，未回避， 未分别询问相对人，未提供凭证
违反行政机关内部程序	未立案，未报告，未批准，未讨论，未备案

以上五大分类不仅囊括几乎所有违反法定程序的取证行为,也符合调查取证的逻辑顺序。首先，表明身份及职权是执法者对相对人进行调查取证的首要步骤，否则相对人将不知道自己正面对公权力，以致享有抵抗权（详见附录六）。其次，执法者在具体推进每一步调查取证流程时，应当依法告知相关内容及说明理由，以期得到相对人的理解与配合。同时也保障了相对人的知情权与获得救济权。再次，在取证流程初步告一段落、执法人员形成初步证据材料后，应当引导相对人参与，相对人在该阶段有权提出意见或核对材料，这既是对相对人主体地位的尊重，也能尽早对取证中的错误及证据的瑕疵进行纠偏。同时，法律还规定了公正性保障程序，确保行政机关取证的中立性与证据的客观真相性。最后，行政机关的内部程序旨在保障其自身的正常有序运行，是组织现代化的表现，相较其他程序，行政机关的内部程序对相对人的影响最小。综上，行政机关及执法人员在调查取证时违

反上述程序中的任何一环，都将产生违反法定程序的取证行为。

（二）对“严重”程度的认定

当前在认定违反法定程序的取证行为是否达到“严重”程度时，司法实践中多采取法官“综合判断”模式，赋予法官较大裁量权。具体做法是，法官在非法取证行为所侵害的价值与非法证据的证明价值之间进行综合比较，并作出认定和说理。以“某建筑公司诉当地人力资源和社会保障局（工伤）行政确认案”为例，一审法院认为，行政机关对部分证人进行的调查取证行为“不符合国务院《工伤保险条例》第十九条第一款之规定，调查取证程序存在违反法律规定的情形，依法予以指出”；但“因该情形不属于……严重违反法定程序收集证据材料的情形，被告由此调查收集的证据材料，因不影响证据的真实性，不影响工伤认定结论，与其他证据亦能印证，故可以作为认定本案被诉工伤行政确认行为合法的依据”。[①] 二审法院认为，行政机关在进行调查核实时“行政程序虽有瑕疵，但不应视为程序违法”。[②]

本书认为，法官“综合判断”模式虽然充分彰显了法官的自由裁量权，能够防止裁判“一刀切”现象，具有灵活运用的优势，但劣势亦显而易见。一方面，现有立法尚未对“严重”程度进行规范化认定，造成执法行为缺乏风向标，一旦遭遇必须变通程序的状况，执法人员只能依照执法经验行事，缺乏模式化的判断基准。另一方面，当前司法实践中采取的法官“综合判断”模式，使得“严重”程度的认定极易受到法官个人素质、经验和价值观的影响，法官自由裁量权过大，难以为执法行为提供确定性依据。有必要实现法官“综合判断”模式

① 参见甘肃省张掖市中级人民法院（2015）张中行初字第4号行政判决书。

② 参见甘肃省高级人民法院（2015）甘行终字第122号行政判决书。

的精准化，通过制定“严重”程度的裁量基准，约束行政权与司法权恣意的空间，本书将在第五章具体讨论。

三、“实体违法类”非法取证行为

依据现行法律规定，构成“实体违法类”非法取证行为，要同时满足两个条件：其一，存在违反法律强制性规定的取证行为；其二，前述行为造成侵害他人合法权益的结果。

分析“违反法律强制性规定的取证行为”，需要解决两个问题。

其一，如何确定“法律强制性规定”中“法律”的范围。总体而言，涉及行政机关取证的法律强制性规定分为两类。一类是“控权型”法律强制性规定，指限制行政机关实施特定取证行为的规定；另一类是“授权型”法律强制性规定，指赋予行政机关在某领域实施特定取证行为权力的规定。笔者认为，“控权型”法律强制性规定，旨在窄化权力恣意的空间，越是门类齐全、位阶丰富的法律规范共同约束，就越能减少权力滥用的可能性。因此，“控权型”法律强制性规定中的“法律”指广义法律，任何有权机关制定的规范性文件都应纳入其中，即使行政机关自行出台行政规范性文件，设置严格约束自身取证行为的强制性规定，笔者也乐见其成地将这些规定作为本节所讨论的“法律”强制性规定。相反，“授权型”法律强制性规定，旨在拓宽权力伸展的渠道，授权必须谨慎，若任何位阶的法律规范都能授权，则法律对行政权力的约束将形同虚设。因此，“授权型”法律强制性规定中的“法律”指狭义法律，仅包括全国人大及其常委会制定的法律。例如，法律对行政机关实施电子技术监控设备取证的授权，始于2007年《道路交通安全法》第一百一十四条（针对交警执法）和2021年《行政处罚法》第四十一条（针对一般行政机关执法）之规定。在上述法律作出授权性规定前，部分地区和部门自行出台规定，赋予本地区或本行业行政机关，实施该高科技取证行为的权力。[①] 笔者认为这些在法律尚未授权前，依据下位规定实施的高科技取证行为，依然是违反法律强制性规定的，下文将详细论述。

其二，如何确定“违反法律强制性规定的取证行为”的具体表现形式。在法理学上，基于内容能否自由处分，法律规定被划分为任意性规定和强制性规定。在任意性规定中，当事人可以自主决定为或不为一定行为，通常用“可以”“有权”等形式表述。在强制性规定中，当事人或以某种积极作为的方式承担义务，通常用“应当”“必须”等形式表述；或以某种消极不作为的方式承担义务，通常以“不得”“禁止”“严禁”等形式表述。[②]

综上，笔者先以我国《宪法》《行政处罚法》《治安管理处罚法》《人民警察法》《行政许可法》《食品安全法》《行政强制法》《道路交通安全违法行为处理程序规定》八部行政法规范为分析对象，在条文中检索“应当”“必须”“不得”“禁止”“严禁”等关键词，并剔除程序性规定，尽可能多地挖掘我国行政执法中违反法律强制性规定的取证行为（详见附录五）。再结合我国执法实际，对群众反映强烈、学界争议激烈的五类违反法律强制性规定的取证行为，做简要剖析。

（一）非法主体实施的取证行为

法定的行政调查取证实施主体，是具备资格的执法人员。[③] 依据中央及各地的执法人员资格管理制度，成为具备资格的执法人员至少包

---

① 茅铭晨：《从自定走向法定——我国〈行政处罚法〉修改背景下的非现场执法程序立法研究》，载《政治与法律》2020年第6期，第15页。

② 张文显：《法理学》（第四版），高等教育出版社、北京大学出版社2011年版，第71-72页。

③ 《行政强制法》第十七条第三款，《行政处罚法》第四十二条，《道路交通安全法》第七十八条，《公安机关办理行政案件程序规定》第五十二条、第八十二条。

含两项硬性条件：一是在编在岗的行政执法岗位公务员，二是依据法定程序取得行政执法资格。[①] 在特殊执法情形下，还要对法定取证主体做进一步限缩：如检查女性身体、采集女性涉嫌吸毒人员检测样本时，只能由女性工作人员实施；询问盲聋哑、不通晓当地通用的语言文字的人员，要有翻译；鉴定人具备相应资质等。[②]

这些规定对于部分人少案多、编制不足的地区显然门槛过高，一些地方不得不采取“权宜之计”来暂时满足执法需要，常见的方法有五种：一是调动在编非执法岗位人员调查取证；二是招募非在编“协管员”调查取证；三是通过投诉举报报案制度或发布悬赏公告，普遍授权“公民取证”；四是通过与特定内幕人士合作实现“线人取证”；五是无视特殊执法情形下，对法定取证主体范围进行限缩性规定。

上述“权宜之计”虽暂时缓解了行政机关的燃眉之急，却引发了一些执法乱象。其一，在编非执法岗位人员的法治意识和执法技能相对较弱，常常难以胜任一线取证工作，降低了实质的执法效率。其二，一些非在编“协管员”文化程度、法律意识及业务技能弱，暴力执法、非法取证现象显著。行政机关依法行政能力难以得到实质提升。[③] 其三，“线人取证”存在失控的风险，一方面是取证行为失控的风险，

---

① 参见《道路交通安全法》第七十八条，《商务部关于印发〈商务部行政执法人员资格管理办法〉的通知》（商法规发〔2018〕504 号）第六条，《甘肃省民政厅关于印发〈甘肃省民政厅行政执法人员资格管理和持证上岗办法〉的通知》（商法规发〔2018〕504 号）第四条，《山东省行政执法人员资格认证和行政执法证件管理办法》（山东省人民政府令 2015 年第 292 号）第六条，《西藏自治区行政执法人员资格认证和行政执法证管理办法》（西藏自治区人民政府令 2017 年第 139 号）第八条。

② 参见《治安管理处罚法》第八十六条、第八十七条、第九十条，《公安机关办理行政案件程序规定》第七条、第七十六条、第八十四条第二款、第八十七条、第九十四条第一款，《行政诉讼证据规定》第六十二条第一款第一项。

③ 郑见：《别拿临时工当挡箭牌》，载《中国科学报》2014 年 4 月 25 日第 3 版。胡艺：《“临时工”遮不住城管执法硬伤》，载《中国商报》2015 年 12 月 2 日第 2 版。

“不排除有些线人是富有正义感的理想人士，但有些人并非出于高尚的正义感，有可能仅仅是为了图一时之利”①，使得“线人取证”存在向牟利执法、“钓鱼执法”等错误方向演化的可能；另一方面是线人队伍失控的风险，在一些案件中，线人演变成“地下执法队”②。其四，个别执法者无视限缩性规定，徒增对女性、盲聋哑残障人士、方言人士、外籍人士甚至一般相对人的侵权风险。这些执法问题，严重挑战现有法律规定和法治秩序。

（二）偷拍、偷录、窃听等秘密取证行为

在一些行政执法中，秘密取证处于“灰色地带”——既没有在立法中被明确其合法身份，又不愿在实务中彻底抛弃。形成这一现象的根源在于，秘密取证的限制因素与生长因素势均力敌，任何一方均未能压倒另一方，始终保持博弈关系，从而导致秘密取证能在博弈关系的夹缝中生存。

其一，价值取向之间的博弈关系。表现为“尊重私益”与“保障公益”间的冲突，前者限制公权力对私人领域采取过于激烈的调查取证手段，后者要求公权力对违法行为采取行之有效的调查取证手段。

“尊重私益”和“保障公益”是我国宪法两大重要价值，但这两大价值并非在任何时候都是并行不悖的，许多时候需要通过价值权衡实现平衡。以我国《宪法》第四十条公民的通信自由权为例，立法者基于“尊重私益”，认为“对通信秘密的保障，作为保护个人的私生活

---

① 韩伟：《线人、角色道德与司法公正》，载《检察日报》2013年9月3日第3版。

② 傅剑锋、杨洋：《线人失控可能导致警匪一家为立功引诱人犯罪》，载搜狐新闻网，2007年8月9日，http://news.sohu.com/20070809/n251501587.shtml。黄伟、瓯文：《他曾是公安线人如今变成“黑老大”》，载温商网，2019年9月9日，http://news.wzsee.com/2019/0909/294234.html，最后访问时间2021年4月2日。

和隐私权的一个构成部分，在一个文明、理性的社会里，往往受到高度的重视”，从而在宪法层面禁止对公民通信自由权的侵犯；但基于“保障公益”，宪法也同时规定侵犯的豁免，即在“在特殊情形下，有关国家机关可对特定通信进行检查”，通信不受侵犯与国家权力介入相互博弈，共同组成了公民的通信自由权。[①] 上述两大价值的博弈关系，还体现在我国《宪法》第十三条、第三十七条、第三十九条的私有财产的征收征用、人身自由不受侵犯、住宅不受侵犯等规定中。宪法是国家的根本大法，规定了一个国家最根本性的内容，更是普通法律的制定基础和依据。宪法所秉持的价值，必定会在该国法律体系及下位法中得到彰显，其中所包含的价值冲突与博弈亦会在下位法中被具体化。

“尊重私益”与“保障公益”的博弈，深深地嵌入行政执法的理论和实践中，并成为判断相关制度构建是否具有正当性的依据。从“尊重私益”出发，个人利益应当免受暴露于公权力下的威胁，若取证手段能肆意侵入私人领域，则每个公民将无时无刻不陷入对公权力的防御和对暴露状态的担忧中，因此法律应当对取证手段的无限扩张提出限制和禁止。从“保障公益”出发，公共利益是从个人利益中提取的“公因子”，若行政机关都不具有与实现公共利益相匹配的管理手段，则损失的最终承受者将是每一个社会大众，因此法律应当为取证目的实现提供条件和保障。秘密取证的实施，正处在两个价值的接壤地带，自然造成限制因素和生长因素的对峙。而对峙双方均未能占据绝对优势，使秘密取证得以在两大价值的互动关系中夹缝生存。

其二，行政法基本原则之间的博弈关系。一方面程序正当原则是不可逾越的底线，另一方面比例原则倒逼调查制度创新。

---

① 许崇德：《宪法》（第五版），中国人民大学出版社 2014 年版，第 162 页。

程序正当是行政法的基本原则，要求行政主体严格遵循法定程序，依法保障行政管理相对人、利害关系人的知情权、参与权和救济权等各项权益。[①] 有学者将程序正当的内涵提炼为避免偏私、公平听证、公众参与、行政公开。[②] 基于调查手段的秘密性和相对人的不知情，秘密调查与程序正当原则之间的冲突不可避免。比如，相对人无法对调查人员提出回避申请，导致程序中立遭受质疑；相对人无法提出陈述、申辩和申请听证，导致程序参与成为空谈；故意隐瞒执法行为，导致程序公开荡然无存。程序正当原则“直接体现了现代法治国家对行政权力公正行使的最低限度也是最基本要求”[③]，与程序正当原则的冲突，束缚立法对秘密取证的肯定。然而立法并未明确禁止秘密取证，这是基于行政法上另一个基本原则的考量——比例原则。

比例原则要求，“行政机关实施行政行为，应当符合法律目的，并为实现行政目的所必要、适当。有多种措施可供选择的，应当选择有利于最大程度地保护公民、法人或者其他组织权益的措施，且不得与所达成行政目的获得的利益明显失衡。”[④] 其本质是以实现公共利益为目标，在各种限制相对人的手段中，寻求最优解。笔者从目的—手段—结果三个方面切入，将比例原则的内涵细化为“目的上的实现必要性”“手段上的措施妥当性”“结果上的利益均衡性”三点，使得以实现公共利益为目的的制度创新成为可能，而秘密取证就是所谓“制度创新”的结果之一。(1)“目的上的实现必要性”，给秘密取证的存在提供意义。任何法律在授予行政机关相应职权时都有其内在的目的，

① 《国务院关于印发全面推进依法行政实施纲要的通知》（国发〔2004〕10号）。

② 周佑勇：《行政法总则中基本原则体系的立法构建》，载《行政法学研究》2021年第1期，第23页。

③ 周佑勇：《行政法原论》（第三版），北京大学出版社2018年版，第66页。

④ 周佑勇：《行政法总则中基本原则体系的立法构建》，载《行政法学研究》2021年第1期，第22页。

“从根本上说……就是为了更好地维护公共利益和社会秩序，更好地保护行政相对人的合法权益”①。进一步说，法律规范赋予行政机关调查取证权的目的，即促使行政机关更好地履行法定职责②。法定职责若无法兑现，行政机关便形同虚设。实现法定职责的强制性与迫切性，需要行政主体在日常工作中展现更多的能动性和灵活性。秘密取证存在的意义，便是极大地满足了行政主体对能动性和灵活性的需求。(2)“手段上的措施妥当性”，为取证手段的升级设置缓冲。虽然秘密取证对相对人的利益影响极大，但比例原则并不全面禁止秘密取证的实施，而是要求审慎且妥当地实施。这不仅为设置秘密调查的缓冲机制提供参考，也为秘密调查的法制化构想提供支持。(3)“结果上的利益均衡性”，是对实施效果的预先研判。“在均衡性审查中首先要考虑被限制的法益与要实现的法益哪个更重要，这种重要性是一种抽象的重要性，即所谓价值位阶。”③ 当实施秘密取证所带来的公益远大于受损害的私益时，秘密调查在均衡性意义上就具备了更为优先的价值位阶。可见，比例原则也并未因秘密调查有损私益而禁止其实施，而是要求对实施效果进行预先研判，旨在寻求最优选择。再以美国国家权力介入公民的通信权为例，为确保公民通信秘密、数据信息和隐私不

① 方世荣、石佑启主编：《行政法与行政诉讼法》(第三版)，北京大学出版社 2015 年版，第 46 页。

② 行政主体的法定职责，包括领域职责和活动职责。其中，领域职责指法律赋予该行政机关对某个领域的管理职责，如《环境保护法》第十条规定：“国务院环境保护主管部门，对全国环境保护工作实施统一监督管理；县级以上地方人民政府环境保护主管部门，对本行政区域环境保护工作实施统一监督管理。县级以上人民政府有关部门和军队环境保护部门，依照有关法律的规定对资源保护和污染防治等环境保护工作实施监督管理”；活动职责指法律规定行政主体在开展特定活动时所遵循的职责，如《行政处罚法》第四十条规定：“公民、法人或者其他组织违反行政管理秩序的行为，依法应当给予行政处罚的，行政机关必须查明事实；违法事实不清、证据不足的，不得给予行政处罚。”

③ 王锴：《比例原则在备案审查中的运用——以适当性审查为中心》，载《地方立法研究》2023 年第 5 期，第 9 页。

受公权力肆意侵入，美国通过了“1791年《宪法修正案》”、1986年《有线与电子通信截取法》、2000年《网络安全信息法》。但在“9·11”空袭后，美国出台了《爱国者法》和《国土安全法》，一改公权力对公民隐私的谦抑姿态，规定国家安全部门在涉及恐怖主义和国家安全时，可以不经申请直接监听监视公民的互联网信息、电子邮件、电话。2015年“棱镜门”事件后，《美国自由法案》替代《爱国者法》，规定国家安全部门收集公众信息前必须经过法庭批准。①

其三，规则与现实之间的博弈关系。法律规定行政执法人员在取证前，要通过着装、出示证件或口头释明等方式，向相对人表明身份。② 但实践中，一些行政机关会对部分隐秘性、复杂性、集团性案件，采取偷拍、偷录及窃听等秘密取证行为，由此引发争议。一方面，秘密取证缺乏表明身份程序，可能因严重违反法定取证程序，构成“程序违法类”非法取证行为。另一方面，秘密取证一旦进入私人领域，极有可能侵害相对人的隐私权、个人信息权、人性尊严等权益。

（三）证据“漂白”行为

我国相关法律规定对行政案件进行调查时，应当合法、及时、客观、全面地收集、调取证据材料，对不符合法定要求的证据，应当重新调查或补充调查。③ 然而实践中一些行政机关或因客观场景无法再现，或因取巧省事，存在将非法证据转换为合法证据的证据“漂白”行为。

---

① 帅奕男：《基本权利“新样态”的宪法保障——以互联网时代公民通信自由权为例》，载《法学评论》2018年第6期，第118页。

② 参见《行政处罚法》第五十二条、第五十五条，《治安管理处罚法》第八十五条、第八十七条，《人民警察法》第九条，《行政强制法》第十八条。

③ 依据《行政处罚法》第五十四条，《治安管理处罚法》第七十九条，《公安机关办理行政案件程序规定》第二十七条、第四十九条。

证据“漂白”行为具体表现为三类：其一，重复供述，即先在非正式场合，通过暴力逼供，或向相对人展示行政机关非法获取的证据（前提是相对人不知道该证据是非法获取的），突破相对人的心理防线，使其如实供述违法事实；再在正式的录音录像场合，通过合法的讯问方式让相对人再次供述其违法事实，从而使非法证据转化为“合法”口供。其二，重复搜查，即先趁相对人外出之机，潜入其住宅进行秘密搜查，确定违法物证的位置和数量，再于相对人在家时突击搜查，迅速发现违法物品，扼杀相对人快速藏匿、转移及销毁违法物品的机会。其三，对问题材料的补签或倒签，如派出所“抓赌”，有时抓获的赌徒数量远超该派出所的民警数量，为提高取证效率，民警先采取单警询问，之后民警间再对口供材料进行互签或补签，使问题材料上呈现双警询问的“合法”假象。又如《道路交通安全违法行为处理程序规定》第三十六条规定，进行体内酒精检测时检验程序违法或者违反相关专业技术要求，可能影响检验结果正确性的，应当重新检测。交警考虑到若重新抽血检测，驾驶员会因已处于酒醒状态而逃脱制裁，于是通过补签或倒签的方式，使问题材料表面上符合法定要求。上述证据“漂白”行为明显与法律强制性规定相悖。

（四）颇具争议的高科技取证行为

《法治政府建设实施纲要（2021—2025 年）》要求积极推进智慧执法，加强信息化技术、装备的配置和应用，探索推行远程监管、移动监管、预警防控等非现场监管，解决人少、事多的难题。《国务院关于加强数字政府建设的指导意见》也指出，充分运用非现场、物联感知、掌上移动、穿透式等新型监管手段，弥补监管短板，提升监管效能。行政执法与科学技术的融合是大势所趋，科学技术对我国行政执法取证手段的影响体现在以下三个方面：

其一，促进取证手段向物理世界延伸。生活在物理世界中的我们，一举一动都会留下客观实在的痕迹。传统取证手段受限于时空阻隔，从物理世界提取相对人活动痕迹的能力有限。而高科技取证手段恰能提升取证的深度和广度。例如，公安机关利用无人机进行远程取证，既不易暴露，又能获得可靠的视听资料。无人机取证甚至一度被形容为开启"上帝视角"。[①] 又如，广西柳州市城管创新"非接触式"执法模式——利用街面视频监控24小时自动抓拍取证，智能视频分析自动形成证据链，人脸识别自动录入违法人员信息。在执法人员未与违法相对人接触的情况下，完成取证全流程。[②] 再如，上海、深圳、天津、太原、济南等多个城市，利用人脸识别技术抓拍行人闯红灯现象，随即投放到周边的公交站点显示屏上进行公告，以解决此类违法程度低、违法数量大的城市治理难题。[③]

其二，促进取证手段向相对人心理世界延伸。客观事件的发生会在人们心中留下主观印象，故对相对人内心世界的探寻有助于还原客观真相。相对人时常出于恐惧、羞耻、怜悯甚至自我掩饰等原因，拒绝透露真实想法，给执法办案带来极大困扰。近年来兴起的脑电波分析、面部温度检测及微表情分析、眼动分析、肢体动作分析、语音分析及测谎等科技手段，[④] 有助于执法人员绕过相对人的心理屏障，全方位提升对个案相对人的分析理解能力。

---

① 徐建军：《无人机在公安执法工作中的应用与监管》，载《北京警察学院学报》2018年第2期，第53页。

② 覃奕斌：《柳州："电子城管"模式开辟"非接触式"执法工作新路径》，载《中国建设信息化》2019年第5期，第61页。

③ 杨智杰：《人脸识别十字路口：脸的恐慌》，载中国新闻周刊网，2019年10月26日，http：//www.inewsweek.cn/life/2019-10-21/7329.shtml，最后访问时间2021年4月3日。

④ 刘涛：《侦查讯问中威胁、利诱、欺骗之限度研究》，载《中国人民公安大学学报（社会科学版）》2016年第3期，第48页。

其三，促进智能设备获得执法主体身份。智能设备在执法活动中，本居于配合人类执法者的辅助地位，但由于现代社会对行政执法的要求越来越高，智能设备在执法中的优势越发显现，部分执法领域开始提升智能设备的执法独立性。例如，重庆、广东、山东等地在税务行政领域，率先实现全自动具体行政行为，“纳税或扣缴程序的开启由相对人自行触发并独立完成，而且税务机关仅借助电子设备让其自动审核，此过程中不存在行政机关的任何人工介入”①。又如广西、深圳等地在行政许可领域，积极探索针对无裁量简单许可事项的无人干预全自动行政审批。② 更令人惊叹的是，“自动化辅助裁量系统”的出现，从 2009 年南京市环保局开发的“环保行政处罚自由裁量辅助决策系统”③，到 2011 年广州市工商局建设智能化行政处罚案件管理系统④，再到 2014 年南京市公安局推出的“行政案件自动量罚系统”⑤，行政裁量辅助系统的实践在全国范围内逐步铺开。该系统的特点是，在编程阶段，依据大数据类案分析，将违法行为细化为多种具体要素，并将这些要素对应的处理结果编入系统中。在执法阶段，执法人员仅需依据实际情况在设备中勾选或输入对应要素，机器会依据这些要素组合导出

---

① 查云飞：《人工智能时代全自动具体行政行为研究》，载《比较法研究》2018 年第 5 期，第 170 页。

② 参见《广西壮族自治区人民政府办公厅关于印发推进审批智能化和审管一体化行动方案的通知》（桂政办电〔2017〕170 号）。《深圳市人民政府办公厅关于印发深圳市普通高校应届毕业生引进和落户“秒批”（无人干预自动审批）工作方案的通知》（深府办函〔2018〕109 号）。

③ 叶曦露等：《各地完善环境监管实践探索》，载《环境保护》2010 年第 13 期，第 27-28 页。

④ 全国工商系统法制专家型人才培训班第四课题组：《智能化规制工商行政处罚自由裁量权初探》，载《中国工商报》2013 年 2 月 21 日，第 A03 版。

⑤ 辛闻：《南京推广应用行政案件自动量罚系统》，载中国警察网，2015 年 4 月 24 日，http：//news. cpd. com. cn/n12021581/n12021591/c28453425/content. html，最后访问时间 2021 年 2 月 16 日。

最终的裁量建议。在绝大多数情况下，执法人员都会采纳系统的建议。自动量罚系统一方面可以解决“同案不同罚”的执法困境，另一方面也颠覆了我们对科技执法中“主仆关系”的传统认知。之前是高科技设备取证，交由人来做判断；现在是智能设备做判断，人只负责取证和执行。

然而，行政执法与科学技术的融合，某些时候也同时挑战了现有法律强制性规定。在冲突与矛盾中埋头探索的高科技取证行为，不可避免地会游走于“合法—非法”边界模糊的灰色地带。

其一，可能违反依法行政的规定。“依法行政在原初意义上，要求行政必须受代表民意的立法机关规则的约束。”① 这表现为，没有一定层级以上的法律规范依据，行政机关不得对相对人作出减损权益或增加义务的决定（相关规定详见表4-3）。但由于高科技取证行为出现较晚、变化较快、方式多样，行政机关不得不在法律尚未来得及授权的情况下自行立规，② 包括无人机在内的新兴取证行为甚至在无规可依的情况下“横冲直撞”多年，③ 最终导致“权力任性、为罚而罚、误罚错罚、告知不充分、仅凭通知书或短信处罚、便行（行政机关）不便民、陈述申辩难、获得救济难等令人诟病的问题逐渐暴露出来，违法侵权现象频发”④。

---

① 沈岿：《社会信用体系建设的法治之道》，载《中国法学》2019年第5期，第37页。

② 如《道路交通安全违法行为处理程序规定》第十五条，《交通运输行政执法程序规定》第三十三条第一款第三项，《上海市城管执法部门非现场执法工作规定（试行）》第六条第一款等规章、行政规范性文件中，均涉及高科技取证行为。

③ 截至2021年1月，尚未有部门出台执法无人机规范，只能参照民航总局关于民用无人机的相关规定。包括《民用无人机空中交通管理办法》（2009年）、《民用无人机驾驶员管理规定》（2015年）、《民用无人驾驶航空器实名制登记管理规定》（2017年）、《基于运行风险的无人机适航审定指导意见》（2019年）、《轻小型民用无人机飞行动态数据管理规定》（2019年）。

④ 茅铭晨：《从自定走向法定——我国〈行政处罚法〉修改背景下的非现场执法程序立法研究》，载《政治与法律》2020年第6期，第15页。

表 4-3　行政机关不得“自我赋权”的相关规定

文件名称	文件性质	具体规定	规制对象
《立法法》	法律、法规及司法解释	第八十条、第八十二条	规章
《各级人民代表大会常务委员会监督法》		第三十条第一项	本级政府的决定、命令
《规章制定条例》		第三条第二款、第十六条	规章
《优化营商环境条例》		第六十四条	行政规范性文件
2018 年《行政诉讼司法解释》		第一百四十八条	行政规范性文件
《广西壮族自治区行政规范性文件制定程序规定》		第六条	行政规范性文件
《中共中央关于全面推进依法治国若干重大问题的决定》	中央宏观政策	行政机关不得法外设定权力，没有法律法规依据不得作出减损公民、法人和其他组织合法权益或者增加其义务的决定	行政机关的所有行为
《法治政府建设实施纲要（2015—2020年）》		“规范性文件不得设定行政许可、行政处罚、行政强制等事项，不得减损公民、法人和其他组织合法权益或者增加其义务”	行政规范性文件
《法治社会建设实施纲要（2020—2025年）》		“没有法律和行政法规依据，不得设定减损公民、法人和其他组织权利或者增加其义务的规范”	经济社会政策重大改革措施
《法治中国建设规划（2020—2025 年）》		“凡涉及公民、法人或其他组织权利和义务的行政规范性文件均应经过合法性审核”	行政规范性文件

续表

文件名称	文件性质	具体规定	规制对象
《关于进一步完善失信约束制度构建诚信建设长效机制的指导意见》（国办发〔2020〕49 号）	行政规范性文件	“对失信主体采取减损权益或增加义务的惩戒措施，必须……直接援引法律、法规或者党中央、国务院政策文件为依据”	失信惩戒措施
《国务院办公厅关于加强行政规范性文件制定和监督管理工作的通知》（国办发〔2018〕37 号）		“行政规范性文件不得增加法律、法规规定之外的行政权力事项或者减少法定职责……不得违法减损公民、法人和其他组织的合法权益或者增加其义务，侵犯公民人身权、财产权、人格权、劳动权、休息权等基本权利”	行政规范性文件
《国务院办公厅关于进一步规范行政裁量权基准制定和管理工作的意见》（国办发〔2022〕27 号）		“无法律、法规、规章依据，不得增加行政相对人的义务或者减损行政相对人的权益”	行政裁量基准

其二，可能违反法律保留的规定。2021 年修改的《行政处罚法》在第四十一条新增了电子监控设备取证的规定，值得肯定。但其授权行政法规创设高科技取证行为的做法，有违背法律保留之嫌。这是因为，高科技取证手段在向客观世界延伸的同时，也使现代人深陷某种程度的“囹圄”——忌惮被监控探头拍摄而故意绕道、害怕被无人机捕捉而自锁家中、怀疑手机数据遭到公益之名的“窃取”而断绝与外界的通信——监狱剥夺了犯人的人身自由，高科技取证的发展却可能剥夺更多人的人身自由。我国《立法法》第十一条规定，剥夺人身自由的措施应当法律保留。行政法规显然不足以成为创设高科技取证行为的依据。

其三，可能违反程序正当的规定。程序正当的要旨之一，是保障相对人作为行政法关系主体的陈述权、申辩权；但科技在促进取证手段向相对人心理世界延伸的过程中，有同化相对人之嫌，弱化相对人作为人的主体性地位，从底层瓦解其陈述申辩及提出异议的可能。此外，实践中利用无人机进行“巡逻式”“隐藏式”“突然袭击式”的非现场执法，违反《行政处罚法》第四十一条要求的“利用电子技术监控设备收集、固定违法事实的，应当……确保电子技术监控设备符合标准、设置合理、标志明显，设置地点应当向社会公布”。

其四，可能违反执法主体的规定。《行政处罚法》第四十二条及《行政强制法》第十七条规定执法活动必须由“具备行政执法资格的执法人员”实施；《治安管理处罚法》第八十七条及《公安机关办理行政案件程序规定》第五十二条、第八十二条规定公安行政执法主体系人民警察；《道路交通安全法》第七十八条规定“交通警察经考核不合格的，不得上岗执行职务”。可见法定的行政执法主体，必须是“具备执法资格的人员”。智能设备既无法接受执法资格考核，亦非人类，明显与法律的强制性规定相悖。

其五，可能违反过罚相当的规定。《行政处罚法》第五条规定，“设定和实施行政处罚必须以事实为依据，与违法行为的事实、性质、情节以及社会危害程度相当”，即过罚相当。在人力取证年代，并非所有违法行为及相关证据都能被发现和固定，因此必须依靠提高单次处罚力度，才能达到威慑目的，而现行法律规范多是在人力取证的背景下制定的，随着高科技取证行为的来临，使风雨无阻的全天候取证成为可能，违法行为的查处率趋近100%。[1] 但高科技取证行为一旦过度

---

① 马颜昕：《自动化行政方式下的行政处罚：挑战与回应》，载《政治与法律》2020年第4期，第141页。

使用，原有制度设计下过罚相当的规定必然被打破，执法畸重不可避免。

其六，配套规定缺乏具体性和系统性。高科技取证行为伴随的风险，已引起相关部门警觉。2021年国务院出台《关于进一步贯彻实施〈中华人民共和国行政处罚法〉的通知》，要求规范电子技术监控取证设备的设置和使用。具体要求包括：设备的标准、设置及标志要符合规范；严禁将设备交由市场主体设置及收取罚款；不得因设备不正常运行给予其行政处罚；对高频处罚行为进行数据分析，推动源头治理，杜绝以罚代管；严格限制电子技术监控设备收集信息的使用范围，防止泄密和非法提供。[①] 上述要求具有原则性和目标性，欠缺具体性和系统性。如何落实上述原则和目标，成为摆在理论和实务界面前的难题。

（五）以非法证据为线索的衍生取证行为

我国法律规定了非法证据的认定和排除，[②] 但实务中还存在以非法证据为线索，再以合法手段取得其他证据的行为样态（以下简称“衍生取证行为”）。那么，如何评价衍生取证行为及取得的“毒树之果”呢？

学界对衍生取证行为的态度存在分歧。支持衍生取证行为者认为，“行政调查中侵犯人权的现象及后果毕竟没有刑事诉讼严重，且行政诉讼必须讲究效率”[③]。反对衍生取证行为者表示，“鉴于违法引诱行为在性质上属于在前的实体违法而非事后的程序违法，应当排除整个违

① 参见《国务院关于进一步贯彻实施〈中华人民共和国行政处罚法〉的通知》（国发〔2021〕26号）。

② 参见2018年《行政诉讼司法解释》第四十三条第一款第一项、第二项、第三项，《治安管理处罚法》第七十九条，《公安机关办理行政案件程序规定》第二十七条第二款。

③ 朱新力：《论行政诉讼中的事实问题及其审查》，载《中国法学》1999年第4期，第57页。

法诱惑取证事件所产生的全部证据”[1]。亦有“和事佬”呼吁折中方案，“对于‘毒树之果’的全盘否定与全盘接纳都不符合‘实事求是’的办案原则……对待此类证据应建立多重判断标准，兼顾效率与公平”[2]。

然而在实务界，衍生取证行为却取得了一边倒的“合法性”地位。在交通行政执法领域，上海曾出台规定，将“钓鱼执法”打击私家车非法客运，分为两个阶段。第一阶段是“行政机关引诱阶段”，即执法人员及线人引诱私家车主“稍一段”“带一程”，甚至“讨价还价”。此阶段取得的证据系“以引诱手段获取的证据”，应当被排除。第二阶段是“相对人实施非法客运阶段”，依据当时的《上海市查处车辆非法客运规定》，此阶段进行录音录像、调取道路视频监控、查扣等衍生取证行为不但不违法，而且“这些以引诱行为作为前提取得的衍生证据属于‘特殊手段’取得的证据，是认定私家车非法营运的‘辅助依据’”[3]。在公安行政执法领域，依据《公安机关办理行政案件程序规定》第二十七条的规定，衍生取证行为所取得的物证、书证，可能严重影响司法公正且不能补正或作出合理解释的，才有可能被排除。司法人员也肯定行政执法中的衍生取证行为，认为只有非法取证行为与证据之间，具有充分、直接、必然的因果联系时，才有认定非法证据的可能，否则将导致打击面过大。[4]

实务界的自信态度令人不寒而栗——难道“法无规定”对行政机关而言就是“自由”的吗？难道衍生取证行为就不会侵害他人合法权

① 吴亮：《论行政诱惑取证中的政府引诱行为及其监督——以美国法的客观理论为借镜》，载《行政法学研究》2013 年第 3 期，第 122 页。

② 赵毅、王丽丽：《公安行政非法证据排除制度之路径选择》，载《天津行政学院学报》2018 年第 5 期，第 93 页。

③ 吴亮：《行政调查中的诱惑取证研究》，中国政法大学出版社 2017 年版，第 261 页。

④ 阎巍：《行政诉讼证据规则：原理与规范》，法律出版社 2019 年版，第 143 页。

益吗？难道无论原生取证行为的违法程度如何，衍生取证行为都应被允许吗？

（六）遭受侵害的他人合法权益

存在违反法律强制性规定的取证行为，还要造成侵害他人合法权益的结果，才构成“实体违法类”非法取证行为。笔者认为，为保障行政执法的效率与案件的实质正义，“他人合法权益”中的“他人”，仅指具体执法行为的相对人，不宜将“他人”的范围拓宽至不特定多数人。经法条分析（详见附录五），遭受侵害的他人合法权益如下：

1. 生命权、健康权和身体权

生命权、健康权及身体权是最本质的人权，反映了人作为生物体得以存活的生理基础。我国《宪法》第二十一条规定了国家保护人民健康的义务。我国《民法典》第一千零二条至第一千零四条规定了自然人的生命安全和生命尊严、身心健康、身体完整和行动自由受法律保护。上述违反法律强制性规定的取证行为，一旦损害相对人的生命健康，或造成其身体器官的缺失及不完整，必将构成非法取证行为。

2. 精神自由和人身自由

自由权是西方现代化运动的产物，它意味着公民有权要求国家权力不干预公民自由生活的空间，一旦国家侵入这一空间，公民有权寻求法律救济。精神自由和人身自由是自由权下的两项亚权利，易受到违反法律强制性规定的取证行为之侵犯。

精神自由也称为思想和良心的自由，强调公民的观念、思考及判断等内心活动的自主性。1949 年中国人民政治协商会议通过的《共同纲领》第五条规定：“中华人民共和国人民有思想、言论、出版、集会、结社、通讯、人身、居住、迁徙、宗教信仰及示威游行的自由权。”虽然我国 1954 年及之后的《宪法》版本均未规定思想自由，但现行《宪法》第四十七条规定的公民开展科学研究、文学艺术创作和其他文化活动的自由，可以说是精神自由的延续和外化。高科技设备对相对人心理及精神状态的过度探查，有侵犯相对人精神自由之嫌。

人身自由指公民的身体行动自由，如随心所欲地在任何时间前往或者拒绝前往任何地点。我国《宪法》第三十七条规定了公民的人身自由不受侵犯，非经人民检察院批准或者决定或者人民法院决定，并由公安机关执行，不受逮捕；禁止非法剥夺或者限制公民的人身自由。我国《民法典》第一百零九条和第一千零一十一条规定了自然人的人身自由受法律保护，非法剥夺、限制他人行动自由要承担法律责任。不具备执法资格者以及在缺乏相关手续的情况下，扣留相对人以取得口供或提取物证的行为，侵害相对人的人身自由。

3. 表达权

此处的表达权，区别于自由权中的“言论自由”或是“表达自由”，并不涉及表达的内容，仅指执法过程中公民表达自己意见的通道必须畅通，如《治安管理处罚法》第八十六条、《公安机关办理行政案件程序规定》第七十六条均规定了询问盲聋哑、不通晓当地通用语言文字的人员时，要配备翻译。违反上述规定无疑侵害了相对人的表达权。

4. 私密领域的隐私权

我国《宪法》第三十七条、第三十九条、第四十条规定的禁止非法搜查公民身体、住宅不受侵犯、公民的通讯秘密和通讯自由，是我国公民享有隐私权的宪法基础。我国《民法典》第一千零三十二条规定的私密领域隐私权，指自然人的私人生活安宁和不愿为他人知晓的私密空间、私密活动、私密信息，任何组织或者个人不得以刺探、侵扰、泄露、公开等方式侵害他人的隐私权。

在立法实践中，防止执法侵权的趋势日益明显。2019 年全国人大常委会法工委在备案审查中以“不符合保护公民通信自由和通信秘密的原则和精神”为由，要求某两省修改地方性法规中“公安交管部门在调查交通事故时，可以查阅、复制当事人通讯记录”的规定①。《民法典》第一千零三十三条详尽规定了隐私权被侵犯的具体形式。据此，行政机关以偷拍、偷录、窃听等秘密取证方式实施下列行为的，构成对个人隐私权的侵害：侵扰他人的私人生活安宁；进入、拍摄、窥视他人的住宅、宾馆房间等私密空间；拍摄、窥视、窃听、公开他人的私密活动；处理他人的私密信息。

在执法实践中，原本大快人心的取证方式，受到新兴权利意识的挑战。2020 年 2 月 20 日，某地警方在警用无人机巡查引导下，通过无人机与地面警力联动，一举捣毁居民楼顶的聚众赌博窝点。② 上述“空地联动取证”虽得到了媒体的大加赞誉，却未必能够为继。在西方普通法理念中，公民住宅之上一定高度内的“垂直空间”属于私人领域，非法侵入构成侵权。随着无人机时代的到来，美、英等国已通过立法禁止无人机对“垂直空间”的不合理飞行（包括不合理高度、频度、时段、持续时间、观察设备及非经授权的飞行行为），我国对公民住宅“垂直空间”是否享有隐私权的讨论也逐步发酵。③ 无人机取证越来越容易与公民隐私权发生冲突。

---

① 沈春耀：《全国人民代表大会常务委员会法制工作委员会关于 2019 年备案审查工作情况的报告——2019 年 12 月 25 日在第十三届全国人民代表大会常务委员会第十五次会议上》，载《中华人民共和国全国人民代表大会常务委员会公报》2020 年第 1 期，第 241 页。

② 奚慧颖等：《无人机巡逻发现楼顶聚众赌博，16 人被行拘!》，载广州日报大洋网，2020 年 2 月 24 日，https：//news. dayoo. com/gzrbrmt/202002/24/158557_ 53148130. htm，最后访问时间 2021 年 3 月 2 日。

③ 周长军、庞常青：《民用无人机隐私侵权行为的法律规制——一个比较法的分析》，载《法学论坛》2019 年第 6 期，第 94 页。

5. 公共领域的隐私权

近几十年来，西方社会兴起“公共领域隐私权”的观点，该观点批判了“公共领域无隐私”的传统观念，认为公民不因进入公共场所就愿意把所有个人秘密公之于众。

对公共领域隐私权的侵犯，表现为对“可识别性”的突破。[①] 具体而言，当一个公民走入公共场所，想要暴露的仅是容貌、体态、行为等信息，对上述信息的采集不侵犯其公共领域隐私权。但现代科技异常发达，可以通过人脸识别技术识别出进入公共领域的人是谁；通过视频监控，识别出此人的行动轨迹、工作单位和家庭住址，进而识别出其生活习惯、家庭成员甚至经济情况。换言之，只要借助现代科技，当一个公民进入公共领域，除了容貌、体态及行为外，他的身份、财产、习性及家庭也一并暴露，显然后几种身份信息是他不想暴露的。为避免公民在当下遭遇“被裸露”的恐惧，法律有必要对行政机关在公共领域的“过度识别行为”，以及由此获取的证据作出限制。

6. 个人信息权

个人信息权实现了对传统隐私权的扩张。从消极地主张排除国家和他人对私人领域的干预，扩展到积极地主张对与个人有关的所有信息的控制。近年来，我国不断加大对公民个人信息权的保护力度。《民法典》第一千零三十五条、第一千零三十六条规定，自然人的个人信息受法律保护，民事主体处理他人个人信息的方式要合法。随后出台《个人信息保护法》，一方面在第四章将个人信息权细化为对个人信息的知情权、决定权、查阅及复制权、补充及更正请求权、删除请求权、释明要求权、起诉救济权等一系列权利；另一方面在第十三条、第三

---

① 蔡星月：《个人隐私信息公开豁免的双重界限》，载《行政法学研究》2019 年第 3 期，第 137 页。

十四条、第三十五条及第四十五条规定，国家机关因履行法定职责而处理个人信息，在法定权限内，对相对人享有同意豁免权、告知豁免权、查阅及复制拒绝权。因此，行政机关通过非法主体取证、秘密取证、高科技取证等方式收集个人信息时，若突破了国家机关履职豁免的界限，将侵害相对人的个人信息权。

7. 人性尊严

人性尊严是西方人本主义、个人主义思潮的产物，强调应当认识人自身的价值，反对将人物化，主张考虑任何事情都应将人放到主体的位置上。人不是实现某个目的的工具，人本身就是目的。经历过纳粹统治之殇的德国甚至将人性尊严写入其《宪法》第一条，并规定该条款不可更改。① 我国在吸取了极“左”思潮特别是“文化大革命”的历史教训后，我国《宪法》第三十八条规定了公民的人格尊严不受侵犯，又于2004年在《宪法》第三十三条规定了国家尊重和保障人权，上述条款均蕴含着人性尊严理念。② 随着科技时代的来临，2022年中共中央办公厅、国务院办公厅联合印发《关于加强科技伦理治理的意见》，要求科技活动要尊重人格尊严，保障科技活动参与者的知情权和选择权。但在执法实践中，高科技取证行为不仅挑战现有法律规定，还极大冲击了人性尊严。

首先，科技促进取证手段向物理世界延伸，导致监控取证、无人机取证甚至自动化取证盛行，一个个原本有血有肉的相对人在执法设

---

① 《德意志联邦共和国基本法》第一条第一款规定：“人的尊严不可侵犯，尊重和保护人的尊严是全部国家权力的义务。”第七十九条第三款规定：“对基本法的修改不得涉及‘人性尊严不可侵犯’这一基本原则，即便三分之二的议员表决赞成也不能对此加以改变。”李忠夏：《人性尊严的宪法保护——德国的路径》，载《学习与探索》2011年第4期，第112页。

② 郑贤君：《宪法“人格尊严”条款的规范地位之辨》，载《中国法学》2012年第2期，第85-89页。

备看来就是一组组冷冰冰的数据，“数据也在逐步吞噬人类认知的个性，人最终会被自己创造出来的数据统治”①。

其次，科技促进取证手段向相对人心理世界延伸，导致人性成为被分析的对象，人格被物化，沦为实现管理目的的手段。

最后，智能设备获得执法主体身份的过程，亦是人类执法者主体性地位逐步丧失的过程。智能设备的使用若缺乏必要规制，极易造成人类执法者对智能设备的上瘾和依赖，最终导致人类执法者面临两难困境：一旦关掉机器就不会执法，一旦开启机器就只能吃下智能设备送到嘴边的决策果实。

8. 平等权

人生来就具有种族、性别、天资及社会背景等方面的差异，但近代以来，平等观念逐步深入人心，最终固化为法律规定和政策指引。我国《宪法》在第四条、第三十三条、第三十四条、第四十八条分别规定了公民在法律面前一律平等、各民族一律平等、男女平等、公民平等地享有政治权利（被剥夺政治权利的除外）、宗教信仰不受歧视。中办、国办应科技时代需求而印发的《关于加强科技伦理治理的意见》中，也明确科技活动应包容地对待不同社会群体，防止歧视和偏见。从平等的原理来看，平等并不是简单的均等，也不是不允许差别对待，而是禁止不合理的差别对待。

在传统执法中，执法人员实施违反法律强制性规定的取证行为，若造成对特定群体、族裔的歧视或偏袒，则是对平等权的侵犯。在科技执法中，相对人被数据化，由此造成算法歧视：通过数据分析，发现某一类人群的违法率明显高于平均水平，此时若仅通过算法指挥执

① 李林容：《网络智能推荐算法的“伪中立性”解析》，载《现代传播（中国传媒大学学报）》2018 年第 8 期，第 85 页。

法设备而不加入人工干预，必定造成执法设备对该类人群的“特殊关注”，这是对平等原则的挑战，也会加剧社会阶层固化。[①]

9. 财产权

我国《宪法》第十三条和《民法典》第一百一十三条分别规定了公民合法的私有财产不受侵犯，国家的依法、平等保护义务。传统民法理论将财产权划分为两个部分：其一，静态的支配意义，表现为物权；其二，动态的价值意义，表现为债权。调查取证侵害相对人财产权的事例时有发生，如非法进入相对人住宅进行搜查、非法查扣等行为，侵犯相对人对自己合法财产的支配；不当使用甚至泄露蕴含商业价值的相对人的个人信息，则会减损相对人基于此信息本应享有的财富价值。

四、“特定行为类”非法取证行为

由于暴力逼供、胁迫（威胁）、利诱（引诱）、欺诈（欺骗）行为的表现形式相互独立，有必要逐一阐述。同时，基于上述行为已具有足够的代表性，因此对上述行为恶性相当的其他行为，本书暂不探讨。

（一）暴力逼供[②]

就认定而言，域内外的相关标准基本趋同。在国际上，为世界大多数国家接受的联合国 1984 年《禁止酷刑和其他残忍、不人道或有辱人格的待遇或处罚公约》明确了暴力逼供行为的三个要素：一是公职

---

① 洪丹娜：《算法歧视的宪法价值调适：基于人的尊严》，载《政治与法律》2020 年第 8 期，第 28-30 页。

② “暴力逼供”中的“暴力”，仅限于对人的暴力。对物的暴力，本书放在“胁迫（威胁）”部分探讨。

主体；二是特定目的；三是施暴行为。[①] 在我国，法律对暴力逼供有明确规定，是指使用肉刑或者变相肉刑，或者采用其他使相对人在肉体上或者精神上遭受剧烈疼痛或者痛苦的方法，迫使其违背意愿供述的行为。[②] 其中，肉刑包括殴打、捆绑、违法使用械具等恶劣手段；[③] 变相肉刑可表现为长时间冻饿、站立、罚跪、晒烤、强光照射、疲劳审讯、剥夺相对人休息等折磨手段；[④] 此外尚有一些造成相对人精神痛苦的争议手段，如利用相对人毒瘾、烟瘾、洁癖等生理兼心理需求让其屈服；对好面子、自尊心强的相对人进行尊严折磨等。[⑤]

就成因而言，一些办案人员在行政办案中实施暴力逼供，主要基于两种片面且错误的观点：其一，认为暴力逼供能够提高取证效率。认为适当增加皮肉之苦能更快地树立行政机关的权威，尽早突破相对人的身心防线，实现事半功倍的办案效果。其二，认为暴力逼供能够提高发现真相的概率。较早之前就有从事行政审判的实务专家表示，若仅考虑口供的真实性，“在大多数情况下，通过刑讯逼供的手段获得

---

① 1984年《禁止酷刑和其他残忍、不人道或有辱人格的待遇或处罚公约》第一条第一款规定，酷刑是指“为了向某人或第三者取得情报或供状，为了他或第三者所作或涉嫌的行为对他加以处罚，或为了恐吓或威胁他或第三者，或为了基于任何一种歧视的任何理由，蓄意使某人在肉体或精神上遭受剧烈疼痛或痛苦的任何行为，而这种疼痛或痛苦是由公职人员或以官方身份行使职权的其他人所造成或在其唆使、同意或默许下造成的。纯因法律制裁而引起或法律制裁所固有或附带的疼痛或痛苦不包括在内”。截至2013年10月，世界上主要的195个国家中，已有154个国家批准了上述禁止酷刑公约。龚刃韧：《酷刑：从合法的手段到公认的罪行》，载《比较法研究》2014年第1期，第1、18页。

② 依据《最高人民法院关于适用〈中华人民共和国刑事诉讼法〉的解释》（法释〔2012〕21号）第95条。

③ 依据《最高人民检察院关于渎职侵权犯罪案件立案标准的规定》（高检发释字〔2006〕2号）。

④ 高铭暄、马克昌、赵秉志：《刑法学》（第九版），北京大学出版社、高等教育出版社2019年版，第476页。

⑤ 周欣：《公安机关非法证据排除规则实施及完善》，载《中国人民公安大学学报（社会科学版）》2014年第3期，第37页。

的口供的真实程度，要高于通过正常手段获得的口供的真实程度。‘不打不招’的说法，在某种程度上讲，的确是对事实的反映”①。此前也有专家表示，“对那些拒不交代或者说认罪态度不好的犯罪嫌疑人实施一定程度的体罚甚至虐待，获得的口供……往往是真实的，而且能够得到犯罪现场勘查或其他赃物罪证的印证”；相反，即使是完全自愿的口供，不少惯犯、累犯也常常抛小瞒大、避重就轻，只承认现场抓获的部分，对此前的违法事实一问三不知。

就正当性而言，现代法治理念已将暴力逼供的正当性消灭殆尽。风险社会理论认为，现代社会的风险不同于瘟疫、饥荒、自然灾害等传统风险，它是现代化及工业化的内生产物，具有不可保险性、难以回避性和自我掩盖性的特征，传统治理体系在风险社会面前已力不从心，必须重塑社会治理结构。② 在刑法领域，风险刑法理论应运而生，主张“刑罚前置化”“预防积极化”“提前介入”，③ 并开始探讨“紧急炸弹”情形下刑讯逼供的正当性。④ 在行政法领域，风险行政法理论备受关注，其呼吁“法律需要授予行政机关更广泛的裁量空间，甚至允许它们在证据尚不充分时，就基于预测而采取行动”⑤。在风险行政法背景下，暴力逼供会不会成为行政机关应对风险社会的一个“新兴”

---

① 甘文：《行政诉讼证据司法解释之评论——理由、观点与问题》，中国法制出版社 2003 年版，第 126 页。

② 全理其、陈玮璐：《现代性环境风险的风险刑法应对之批判》，载《广西大学学报（哲学社会科学版）》2020 年第 5 期，第 86-87 页。

③ 陈晓明：《风险社会之刑法应对》，载《法学研究》2009 年第 6 期，第 52-64 页。苏彩霞：《“风险社会”下抽象危险犯的扩张与限缩》，载《法商研究》2011 年第 4 期，第 30-32 页。

④ “紧急炸弹”理论是假设闹市区埋藏着一颗炸弹随时可能爆炸，肇事者刚被警方抓获，却拒不交代炸弹埋藏地点。面对该紧急情况，是为了避免一个更大的恶果而进行刑讯逼供，还是固守保障人权的底线坚决禁止暴力呢？这就是著名的“紧急炸弹”假设。吴玥：《论“紧急炸弹”情形下的刑讯逼供》，载《研究生法学》2012 年第 4 期，第 8-9 页。

⑤ 赵鹏：《风险社会的行政法回应》，中国政法大学出版社 2018 年版，序言第2 页。

执法手段？如果假设成立，则“全面禁止”是行政法治对暴力逼供的第一次驯服，“风险社会下的合理使用”或将成为第二次驯服。

（二）胁迫（威胁）

《最高人民法院关于适用〈中华人民共和国刑事诉讼法〉的解释》第一百二十三条第二项对威胁取证作出较为完善的界定：“采用以暴力或者严重损害本人及其近亲属合法权益等相威胁的方法，使被告人遭受难以忍受的痛苦而违背意愿作出的供述。”结合行政执法实际，依据违法性程度，威胁可分为两类。

其一，威胁使用暴力，其违法性较高，仅次于暴力逼供。表现为明确告知相对人：若不配合将使用暴力；或对个别相对人使用暴力，让其他相对人观看，让观看者产生将要对自己使用暴力的心理暗示；用摔、砸、踢、打等方式对物品使用暴力，暗示相对人若不配合，将成为下一个遭受暴力的对象。

其二，威胁损害相对人及其近亲属的合法权益，其违法性相对减弱。例如：以人为拔高案件性质、超越法律规定恣意加重处罚相威胁；以注销涉及相对人及其近亲属重大权益的证件材料（如户口本、身份证等）、终止其合法的福利待遇相威胁；以泄露调查中掌握的相对人隐私、诋毁其名誉相威胁。

（三）利诱（引诱）

在利诱取证中，执法人员先诱使相对人按自己的预设行事，再取得证据。依据利诱发生阶段的不同和引诱对象的不同，笔者总结利诱取证主要表现为“诱惑取证”“辩罚交易”和“悬赏举报”三种具体情形。

其一，诱惑取证。部分行政机关在相对人实施违法行为前的利诱。

通过引诱，或使本无违法意图的相对人意图被激起，或使本有违法意图的相对人意图外露，在其实施违法行为时进行取证。有观点认为，诱惑取证虽能提高行政效率，“（却）是一种只顾行政效果的实现，而罔顾行政法律规定和行政法的精神及基本原则的行为方式。它不符合现代法治行政的要求，故应该予以禁止”①。还有观点认为，诱惑取证破坏公安机关的公信力，损害法律尊严。从长远来看，应该综合运用其他取证方法，达到打击违法的目的。② 各地屡禁不止的钓鱼执法事件，也在挑战公众对诱惑取证的容忍极限。

其二，辩罚交易。部分行政机关在抓获相对人后实施的利诱。在违法相对人到案后，行政机关会通过许诺好处，换取相对人的如实供述。许诺好处包括以下三类：一是给予执法人员职权范围内的利益，如依据裁量权从轻、减轻或不予处罚。二是给予执法人员职权范围外的利益，如私自释放。三是给予其他人情利益，如为缓解违法相对人的对立情绪，建立信任关系，执法人员给相对人一支烟抽、好吃好喝招待，或安排相对人近亲属见面，或承诺在行政拘留期间给予一定的照顾等。然而，公权力具有不可处分性，即使在裁量范围内，也应符合裁量基准。执法人员以公权力为筹码，通过与相对人各退一步的方式实现取证目的，虽在客观上提高了取证效率，却有放任权力恣意之嫌。

其三，悬赏举报。部分行政机关对线人、证人及普通公民的潜在利诱。虽然行政机关通过悬赏激励群众提供线索的办案方式具有法律

---

① 解瑞卿：《诱惑式行政调查行为存废之二维观察——基于“法律”与“行政”的比较衡量》，载《云南行政学院学报》2011 年第 6 期，第 140 页。

② 赵毅、王丽丽：《公安行政非法证据排除制度之路径选择》，载《天津行政学院学报》2018 年第 5 期，第 93 页。

依据，[1] 但悬赏行为附带的“交易性”，使得实践中一旦操作不慎，就有转化为利诱取证的风险，引发社会担忧。首先，悬赏举报有将取证权委托于民之嫌，若执法人员缺乏责任心，疏于核实民众的举报线索，直接将举报线索作为定案依据，将造成取证主体不合法。其次，悬赏举报客观上鼓励告密，易引发社会信任危机。最后，悬赏举报可能催生职业举报行业和职业举报人群体，一方面该行业和群体的合法性存疑；另一方面在利益驱动又缺乏监管的背景下，该行业和群体极易被“帮派化”“黑社会化”，形成新的社会隐患。总之，与刑事司法重打击犯罪、实现专政目的的属性不同，行政法重在实现管理目的、促进社会有序发展。因此，行政机关在采取悬赏举报时一定要心存戒备。

（四）欺诈（欺骗）

部分行政执法人员也会通过掩盖真相、虚构事实，致使相对人产生错误判断，并依据该错误判断行事，伺机取证。一般认为，普通的欺诈取证，其违法性可以忽略不计。因为工业现代化打破了原有的熟人社会结构，“美颜自拍”“面具生活”“创建人设”成为现代人的基本属性，人们对公共领域的信息失真有一定的容忍度。行政执法作为公共事务的一部分，执法人员作为社会成员的一分子，其出于执法目的，有意造成言语的适当夸大或失真，不应视为非法取证行为，而是依托社会规则施展执法策略的表现。然而，当欺诈取证超过一定限度时，其违法性陡然上升。

其一，逾越底线的欺诈取证。一是违背法律职业道德，如通过伪

① 参见《道路交通安全法》第七十一条，《固体废物污染环境防治法》第三十一条第三款，《信访条例》（国务院令 2005 年第 431 号）第八条第一款，《道路交通事故处理程序规定》（公安部令 2017 年第 146 号）第一百零七条第一款等。

造物证、篡改鉴定意见突破相对人心理防线。二是违背社会公德，如欺骗相对人，称其家人病危，若早点交代，就能尽快释放与家人团聚。三是违背人的特定情感，如欺骗相对人，称是其特别信任的人、律师或神职人员的意见，让相对人遵照执行。

其二，欺诈取证与其他非法取证行为并用。如欺诈和威胁并用，利用相对人不懂法威胁其若不配合将升格案件性质，然而依据法律规定，此案根本不存在升格的空间。又如欺诈和利诱并用，“连哄带骗”地引诱相对人实施违法行为，随即“钓鱼执法”。

第五章 “程序违法类”非法取证行为裁量基准的制定

“程序违法类”非法取证行为的规制痛点，在于缺乏在“严重违反法定程序的取证行为”中认定“严重”程度的裁量基准。本章围绕该裁量基准展开论述，旨在可以作为行政执法中非法取证行为预防与合法取证行为变通的参考，以及作为司法审查中，非法证据识别和处置的标准依据。①

一、总体思路

行政调查取证是行政机关与相对人之间的一场互动博弈。故在制定“严重”程度的裁量基准时，应当兼顾博弈双方的视角。

（一）行政机关意志的彰显

作为调查取证的实施主体，行政机关的取证活动是在其意志支配下实施的。行政机关能凭借自身意志调动公共资源、获得社会容忍、要求公众配合，这体现了行政机关对社会的“支配度”，即行政机关有权支配多少物质资源和精神认同向自己倾斜。

为何行政机关意志拥有如此巨大的力量？社会契约论给出的答案

① 对本章内容更为详尽的论述，参见作者已发表的论文《浅论行政非法证据排除规则之优化》，载《湖南警察学院学报》2021 年第 4 期，第 88-96 页。

是，公共意志授权。霍布斯认为，为结束人人相互为敌的战争状态，个体把权力托付给某个人或集体，逐渐形成国家。国家“运用托付给他的权利与力量，通过其威慑组织大家的意志，对内谋求和平，对外相互帮助抵抗外敌”①。卢梭更是直言：“我们每个人都把自己的人身和全部力量共同置于公意的最高领导之下……只有公意可以根据建立国家的目的，即共同利益，来引导国家的各种力量。”② 总之，“在契约论的模式中，公民在让渡权利形成公权力的过程中，隐含着一个授权的行为，亦即授权组建政府和建构政治社会的可能性和必要性”③。

行政机关调查取证是国家行使公权力的方式之一，表面上仅涉及行政机关意志，实质上反映公共意志。想要确保行政机关意志与公共意志始终一致，减少取证的恣意性，就必须进行法律规制。现有法律规范对非法取证行为的规制，就是遵循此逻辑。然而，即使现有法律规范在不断完善，仍存在“严重”程度界定不清的问题，有必要引入新的维度，推动裁量标准的制定。

（二）相对人意志的引入

作为行政机关调查取证的对象，相对人的反应也是在其意志支配下实施的。相对人凭借自身意志，决定是否如实供述事实、提供材料、配合调查，这体现了个人意志对公权力的“开放度”，即个人愿意开放多少物理和心理空间，让代表公共意志的行政机关进入。

近现代以来，无数治理实践表明，个人意志越来越被尊重。“在国家治理领域，个人从受制于国家（公共权力）到提出对国家（公共权

---

① ［英］霍布斯：《利维坦》，黎思复、黎延弼译，商务印书馆 1985 年版，第 132 页。

② ［法］让-雅克·卢梭：《社会契约论》，杨国政译，上海译文出版社 2018 年版，第 14、23 页。

③ 胡杰：《容错纠错机制的法理意蕴》，载《法学》2017 年第 3 期，第 166 页。

力）进行制约的要求”[①]；在宪法领域，公民基本权利及人性尊严理念逐步确立。人是自身的唯一目的，而非实现其他目的的手段。[②] 在司法诉讼领域，个人从“只承担诉讼义务被追究的客体”[③]，转变为主体地位明确、各项权利充分的法律关系当事人。在行政执法领域，相对人的陈述、申辩等参与程序成为必要程序，“行政行为的最终形成不再取决于行政机关单方面的决定，而是行政机关与利害关系人之间意志沟通的结果”[④]。

为何个人意志获得越来越多的尊重？历史唯物主义给出的答案是，生产力的发展。[⑤] 人类社会早期，生产力低下，个体只有通过集体的庇佑才能勉强抵御灾害和战争，个人意志被集体意志稀释或压抑。随着生产力的发展，个体的生存能力不断提高，个人意志开始觉醒，外化为文艺复兴、启蒙思潮、阶级革命等一系列社会运动，人的主体性地位逐步确立，使得个人意志成为各项制度规则重构中不可或缺的新因素。因此，在制定“严重”程度的裁量基准时，亦须将相对人意志视为一个重要的参照指标。

（三）两方意志的辩证关系

进入现代社会，特别是法治社会后，行政机关意志和相对人意志

---

① 刘双舟：《人的独立意识：分析社会治理模式变迁的一个视角》，载《政法论坛》2008 年第 3 期，第 29 页。

② 郑贤君：《宪法“人格尊严”条款的规范地位之辨》，载《中国法学》2012 年第 2 期，第 81-82 页。

③ 陈光中：《刑事诉讼法》（第五版），北京大学出版社、高等教育出版社 2015 年版，第 32 页。

④ 周佑勇：《司法判决对正当程序原则的发展》，载《中国法学》2019 年第 3 期，第 38 页。

⑤ 本书编写组：《马克思主义基本原理概论》（第七版），高等教育出版社 2018 年版，第 116 页。

呈现对立统一的辩证关系。对立表现在，它们分属行政法关系主体的两个阵营，具有彼进我退的对立性。统一表现在，必须通盘考虑，若仅考虑一方，只会导向权力滥用或执法疲软的两个极端。

两方意志的辩证关系，决定了“严重”程度裁量基准的制定思路。一方面，不应唐突废除原有的行政机关意志及“规则”逻辑，代之以相对人意志及“尊重”逻辑，因为前者有其合理性及功效性，且仅考虑后者会束缚行政效能。另一方面，也不应仅考虑在两方意志之间划定明确的平衡点，因为平衡是相对的、动态的、有条件的，秋毫无犯的平衡界限本身就难以划定，即使划定也会颇具争议。

有鉴于此，应实现两方意志在规则构建中的分工配合：以行政机关意志及“规制”逻辑构建大框架，该框架已在现行立法中构建完成，即对五大类违反法定程序取证的规制；以相对人意志及“尊重”逻辑细化大框架，制定“严重”程度的裁量基准（如图 5-1 所示）。

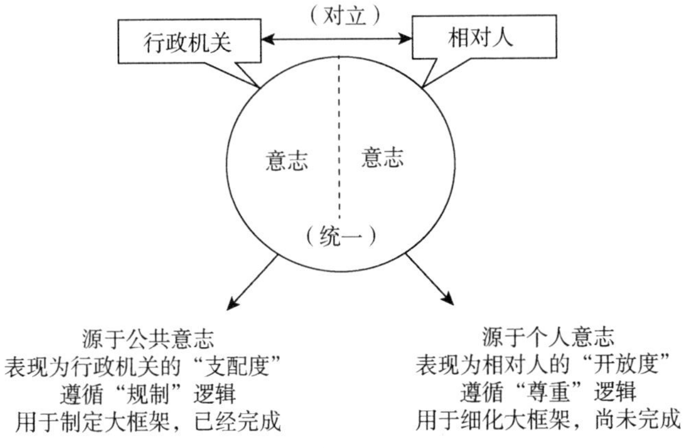

图 5-1　行政机关意志与相对人意志的辩证关系

二、具体操作

在违反法定程序的取证行为大类基础上，依据对相对人意志的影响程度，将上述行为划分成三个层次，八个梯度，若干行为小类，分别判断每一行为小类是否达到“严重”程度，并配套相应的处置方案（见表5-1）。

表5-1　对“严重”程度认定及处置

<table>
<tr><th>层次</th><th>梯度</th><th>对相对人意志的影响</th><th>行为大类</th><th>行为小类</th><th>违法的严重性</th><th>处置</th></tr>
<tr><td rowspan="15">严重违反法定程序的取证行为</td><td rowspan="5">梯度一</td><td rowspan="5">相对人意志未被唤醒</td><td rowspan="5">违反表明身份及职权程序</td><td>执法人员未着装</td><td rowspan="5">严重</td><td rowspan="5">排除证据</td></tr>
<tr><td>设备未具有外部标识</td></tr>
<tr><td>未出示证件</td></tr>
<tr><td>未出示证明文件（令、状）</td></tr>
<tr><td>未口头明示公职身份</td></tr>
<tr><td rowspan="4">梯度二</td><td rowspan="4">相对人意志混沌不清</td><td rowspan="4">违反告知程序</td><td>未予以指导、释明、说明理由</td><td rowspan="4">严重</td><td rowspan="4">排除证据</td></tr>
<tr><td>未进行提醒（包括一次性告知）</td></tr>
<tr><td>未告知权利</td></tr>
<tr><td>未告知救济</td></tr>
<tr><td rowspan="4">梯度三</td><td rowspan="4">相对人意志未能（完整）表达</td><td rowspan="4">违反相对人参与程序</td><td>剥夺相对人递交材料程序</td><td rowspan="4">严重</td><td rowspan="4">排除证据</td></tr>
<tr><td>剥夺相对人补正程序</td></tr>
<tr><td>剥夺相对人陈述、申辩、听证、表达意见的程序</td></tr>
<tr><td>剥夺相对人核对程序</td></tr>
</table>

续表

层次	梯度	对相对人意志的影响	行为大类	行为小类	违法的严重性	处置
可以适当变通程序的取证行为	梯度四	相对人意志可能被歪曲	违反公正性保障程序	执法人员少于二人（普通程序）	次严重	设置补正规则
				未回避		
				未分别询问相对人		
				未通知监护人到场		
				未公示		
				未提供凭证		
	梯度五	相对人意志遭到轻微损害	取证程序轻微违法	处理期限轻微违法	次严重	采取有意义的补救措施后，视为合法
				通知、送达等程序轻微违法		
				其他程序轻微违法		
	梯度六	不直接涉及相对人意志	违反行政机关内部程序	未立案	次严重	不构成非法证据
				未报告		
				未批准		
				未讨论		
				未备案		

续表

层次	梯度	对相对人意志的影响	行为大类	行为小类	违法的严重性	处置
可以适当变通程序的取证行为	梯度七	相对人意志向行政机关意志部分退让	区分公私领域	如在公共领域进行秘密取证	不涉及	证据具有合法性
			限制证据用途	如乔装调查	不涉及	取得的材料仅作为启动行政程序的线索，不能作为定案依据
			紧急事态	如疫情、战乱期间	不涉及	遵循法治原则和比例原则
			……	……	……	……
完全依照法定程序的取证行为	梯度八	相对人意志向行政机关意志完全退让	完全依照法定程序取证	略	不涉及	相对人必须配合，证据合法有效

（一）层次一：严重违反法定程序的取证行为

梯度一，相对人意志未被唤醒。行政机关取证时未表明身份及公职，这导致相对人根本不知道自己正在面对公权力，根本来不及产生抉择意识，从而“损害到个人决定是否披露信息，以及在何种范围、何时何地、以何种方式、向何人披露信息的自决权”①。违背了现代社会对人之主体性地位的尊重，故取得的证据绝对排除。

① 吴亮：《黑车取证的执法困境及其出路》，载《清华法学》2016年第1期，第169页。

梯度二，相对人意志混沌不清。一些行政程序的专业度很高，行政机关在表明身份后，还要履行相关告知程序，否则相对人意志即使被唤醒，也处于“混沌不清”的状态，迷失在荆棘密布的专业性陷阱中。

梯度三，相对人意志未能（完整）表达。行政机关剥夺相对人的参与权，导致相对人未能（完整）表达自己的意愿，亦不能被看作一个完整的人，故取得的证据绝对排除。

（二）层次二：可以适当变通程序的取证行为

梯度四，相对人意志可能被歪曲。行政机关未履行公正性保障程序，致使取证的客观性大打折扣。但出于维护公共利益所必要，却有客观原因，事后证实相对人意志未被扭曲，能否考虑补正呢？以公安行政执法的程序性补正为例。我国公安行政执法长期面临人少案多、基层警力不足、民警依法取证能力有限的挑战。为确保执法效能，一些执法部门不乏对存在程序问题的取证行为进行补正的操作。在治安案件中，一些公安机关使用“抓获经过”，为单警取证①所引发的证据合法性争议进行补正。② 在交通违法案件中，有法院认定当场处罚决定书具有现场笔录效力，使交警采取简易程序处罚时证据更加确凿。③ 甚至在刑事案件中，实务界频频呼吁，应当允许在同步录音录像下，对简单刑事案件实行单警讯问。④ 既然刑事案件都有单人讯问的可能，比

---

① 在不适用简易程序的突发性、瞬时性治安案件中，仅有一名民警取证，且仅由该民警的证言作为定案依据，无其他旁证。

② 陈慧君：《治安管理处罚证据制度的再审视》，载《中国人民公安大学学报（社会科学版）》2018 年第 5 期，第 137 页。

③ 王普庆：《交警简易程序处罚决定书有现场笔录的证明功效——浙江绍兴中院判决金国海诉绍兴公安交警支队行政处罚案》，载《人民法院报》2010 年 10 月 28 日第 6 版。

④ 李玉华：《同步录音录像下单警讯问的突破》，载《法学》2019 年第 4 期，第 82 页。

刑事案件违法性更轻微的行政案件，更有可能在其他证据补强的情况下，仅由一名执法人员开展讯问。各界对公安行政执法“单警取证”合法化的呼吁，也推动了立法的发展，2023 年 9 月全国人大公布《治安管理处罚法（修订草案）》并向社会征求意见，其中新增“单警取证”的规定，即公安机关进行调解和在执法办案场所进行询问、扣押、辨认的，可由一名民警进行，但必须全程同步录音录像。“大家普遍认为，修订草案增加一名人民警察处理案件的情形，符合目前治安案件多发，公安机关警力不足的实际情况，同时规定的全程同步录音录像起到了留痕、制约的作用，总体上赞成这一规定。”① 可见，对行政证据合法性的补证，已具备广阔的实践土壤，宜在此基础上探索行政非法证据补证的法制化路径。

梯度五，相对人意志遭到轻微损害。主要表现为取证程序轻微违法。《行政诉讼法》第七十四条及 2018 年《行政诉讼司法解释》第九十六条规定了行政行为“程序轻微违法”的情况。在构成上，“程序轻微违法”有两个构成要件：一是处理期限、通知、送达等程序出现轻微违法，二是尚未对原告依法享有的听证、陈述、申辩等重要程序性权利产生实质损害。在处置上，“程序轻微违法”的行政行为会被确认违法，但不必撤销。这表明立法虽然对“程序轻微违法”采取否定性评价，但严厉程度相对较低，不会对相关行政行为的既往效力产生影响。甚至在司法实践中，部分法院将“程序轻微违法”的行为视为合法行为的待遇（违法性忽略不计），即“不被撤销或确认违法，而是由

① 《重庆市沙坪坝基层立法联系点关于治安管理处罚法修订草案有关问题的调研报告》，载中国人大网，2023 年 12 月 22 日，http：//www.npc.gov.cn/c2/c30834/202312/t20231222_433688.html，最后访问时间 2024 年 2 月 21 日。

法院予以指正并判决驳回诉讼请求”[①]。进而有学者呼吁，宜将“违反程度轻微且行政机关自行实施了有意义的补正”[②] 作为适用驳回判决的前提。调查取证是作出行政行为的必经阶段，同样存在“程序轻微违法”的情况，因此在相关规则的设置和适用上，应与“程序轻微违法”的行政行为具有一致性。

梯度六，不直接涉及相对人意志。行政机关取证时违反内部程序，站在行政机关角度，内部程序的实施对象并非相对人，不直接涉及相对人意志。站在相对人角度，行政机关的内部程序是“隐身”的，内部行为被外部行为吸收，故即使内部程序有缺陷，也可以通过撤销行政行为等方式制裁。因此，可以适当放宽取证时违反内部程序的限制，不把其纳入非法取证。在行政审判实务中，也时常出现相对人以非法证据为由申请排除行政机关的“内部审批表”等内部性、程序性材料的案例，[③] 上述“不直接涉及相对人意志”的论证思路，可以为法院处置类似案件提供准据。

梯度七，相对人意志向行政机关意志部分退让。相对人意志并非绝对不受干涉，因为行政执法在法定的目的、任务、界限范围之内，享有一定程度的自我塑造的余地，即执法的能动性。当行政机关充分运用该能动性时，相对人意志要做出部分退让。又因为仅是部分而非全部退让，行政机关的取证行为依然会受到限制，表现如下：其一，区分公私领域，不表明身份的行政秘密取证在公共领域的合法性空间

---

① 梁君瑜：《行政程序瑕疵的三分法与司法审查》，载《法学家》2017 年第 3 期，第 45 页。

② 梁君瑜：《行政程序瑕疵的三分法与司法审查》，载《法学家》2017 年第 3 期，第 45 页。

③ 参见江苏省无锡高新技术产业开发区人民法院（2014）新行初字第 0007 号行政判决书。

较大，可一旦进入私人领域就会受到诸多限制。[①] 其二，在限制所取得证据的用途后，部分“极端”的取证行为亦具有合法性，如故意塑造虚假身份的乔装调查，其取得的证据仅可作为启动行政程序的线索，不能作为定案依据。其三，在紧急事态下，公民的个人权利会被依法限缩，[②] 行政机关取证手段的尺度可适当扩大，但须遵循法治原则和比例原则。

（三）层次三：完全依照法定程序的取证行为

梯度八，相对人意志向行政机关意志完全退让。当行政机关完全依照法定程序取证时，依据相关规定，相对人必须配合调查、如实回答，不得阻挠。[③]（详见附录六）

---

① 徐涛：《行政隐蔽调查的法律空间》，2014 年上海交通大学博士学位论文，第 42-45 页。

② 赵宏：《疫情防控下个人的权利限缩与边界》，载《比较法学研究》2020 年第 2 期，第 12-13 页。

③ 依据《行政处罚法》第五十五条第二款，《行政许可法》第六十二条，《人民警察法》第三十五条，《个人信息保护法》第六十三条第二款等。

第六章 “实体违法类”非法取证行为阻却机制的构建

构成“实体违法类”非法取证行为，需要同时满足两个要件——存在违反法律强制性规定的取证行为，且该行为造成侵害他人合法权益的后果。因此，规制机制的构建，亦须从这两个要件入手。①

一、总体思路

将“存在违反法律强制性规定的取证行为”与“造成侵害他人合法权益的后果”两个要件进行两两组合，产生四种不同性质的行为（见表 6-1）。

表 6-1 “违反法律强制性规定的取证行为”与“侵权后果”的组合情形

	存在违反法律强制性规定的取证行为	造成侵害他人合法权益的后果	行为性质
情况一	√	√	非法取证行为
情况二	×	√	对权利的合法干预
情况三	√	×	争议取证行为
情况四	×	×	合法取证行为

① 对本章内容更详尽的论述，参见作者已发表的期刊论文《论行政执法中非法取证行为的系统性规制》，载《湖北经济学院学报（人文社会科学版）》2022 年第 3 期，第 79-102 页。

（一）“争议取证行为”之观察视角

首先，如情况一、情况四所示，最显而易见的情形是两个要件全符合或全不符的，分别构成非法取证行为与合法取证行为。这两种行为相互对立且性质稳定，并无调整的空间。

其次，如情况二所示，若不存在违反法律强制性规定的取证行为，仍造成侵权后果的，存在两种假设。第一种假设是，行政机关未实施任何取证行为，仍造成侵权后果。从因果关系出发，该假设不存在，因为实施行为是引发后果的前提。侵权后果若不由取证行为引发，必然由其他因素引发。如是，则行政机关的取证活动，也因与侵权结果间不存在因果关系，而不具备可归责性。第二种假设是，行政机关实施合法的取证行为，造成侵权后果，这构成对权利的合法干预。在公法上，“基本权利干预是中性的，它反映了国家公权力为了保护公共利益和他人的基本权利而妨碍某人基本权利行使的事实。如果基本权利干预是合宪的，就构成了基本权利限制；如果基本权利干预是违宪的，就构成了基本权利侵犯”①。行政机关对他人权利的合法干预，于法有据，亦无调整的必要。

最后，如情况三所示，若仅存在违反法律强制性规定的取证行为，未造成侵权后果的，相关行为虽不构成非法取证行为，所取得的证据也不会被排除。但该类行为终究因为自身的违法性而存在争议，本书将该类行为界定为争议取证行为，恰是构建阻却机制的突破口。

（二）“争议取证行为”之应对策略

对于争议取证行为一味地禁止，既不符合执法现实，也与本书规

① 王锴：《调取查阅通话（讯）记录中的基本权利保护》，载《政治与法律》2020年第8期，第107页。

制、规训及引导的思路相冲突。“善战者因其势而利导之”，应当充分利用现行规则空间，在尽可能发挥争议取证行为的执法效能之基础上，阻却其向“实体违法类”非法取证行为继续转变。阻却机制应从争议取证行为实施的事前、事中、事后三个阶段构建（如图6-1所示）。

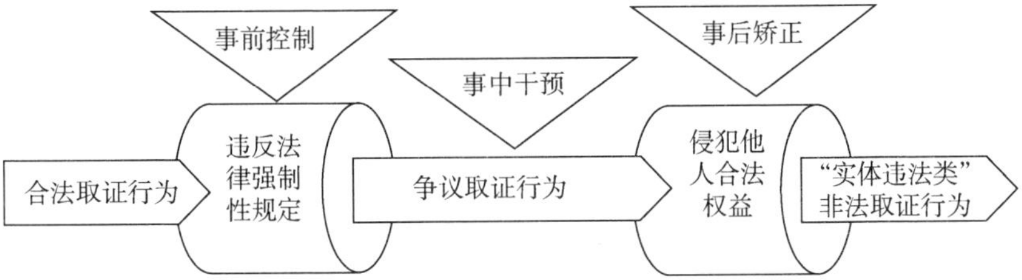

图6-1　“实体违法类”非法取证行为的阻却机制思路

基于前文归纳的执法实践中常见的五类“违反法律强制性规定的取证行为”，下文姑且将争议取证行为的内涵限定为这五类行为。其中，对非法主体实施的取证行为的阻却，集中于事前的启动控制；对秘密取证行为、证据“漂白”行为、高科技取证行为的阻却，集中于事中的行为干预；对衍生取证行为的阻却，集中于事后的矫正和补救。

二、事前的启动控制

争议取证行为的启动，以适当突破法律强制性规定为前提，必须审慎把控。审慎体现在对实施主体、实施条件、实施范围和启动程序的严格把控上。

（一）对实施主体的严格把控

实施主体不能普遍化。基于争议取证行为对现行法秩序及相对人权益的冲击，若将其笼统授权行政机关及执法人员普遍实施，一方面会因多数执法人员无法或不敢驾驭而被束之高阁，另一方面会因少数执法人员的不当或错误实施而造成失控局面。对实施主体的控制表现在以下方面：

其一，取缔一切不具备执法资格的取证人员。该方案经中央大力推动，已在全国范围内铺开。[①] 各地区各部门纷纷出台文件，禁止非执法岗在编人员、编外合同工、临时工以及借用人员申领行政执法证件。[②] 一些省份在规范执法队伍、清理执法人员方面，已取得初步成效。[③] 今后应在人员清退、执法资格考试、持证上岗方面继续发力。确保整个执法队伍人员的合法性，是后续实现争议取证行为实施主体法制化的前提。

其二，明确协助取证主体。争议取证行为的争议焦点之一，是本想解决“案多人少”的执法现状，却孕育出诸多非法取证主体来。因

---

① 2014年，党的十八届四中全会《决定》要求严格实行行政执法人员持证上岗和资格管理制度，未经执法资格考试合格，不得授予执法资格，不得从事执法活动。随后中共中央、国务院联合印发《法治政府建设实施纲要（2015—2020年）》具体要求2016年年底前，各地区各部门对行政执法人员的资格问题进行一次严格清理。2021年年初，中共中央印发《法治中国建设规划（2020—2025年）》重申推进统一的行政执法人员资格和证件管理。2021年8月，中共中央、国务院联合印发《法治政府建设实施纲要（2021—2025年）》进一步要求统一行政执法人员资格管理，除中央垂直管理部门外由省级政府统筹本地区行政执法人员资格考试、证件制发、在岗轮训等工作。2023年，国务院办公厅关于印发《提升行政执法质量三年行动计划（2023—2025年）的通知》（国办发〔2023〕27号）提出严格落实行政执法人员资格管理和持证上岗制度，未取得行政执法证件的人员不得独立从事行政执法工作。建立健全行政执法人员退出机制，对不符合执法要求的行政执法人员要依法暂扣、收回或者注销其行政执法证件。

② 参见《山东省行政执法人员资格认证和行政执法证件管理办法》（山东省人民政府2015年第292号令）第十条，《西藏自治区行政执法人员资格认证和行政执法证管理办法》（西藏自治区人民政府2017年第139号令）第八条，《商务部关于印发〈商务部行政执法人员资格管理办法〉的通知》（商法规发〔2018〕504号）第六条，《甘肃省民政厅关于印发〈甘肃省民政厅行政执法人员资格管理和持证上岗办法〉的通知》第四条、第七条。

③ 李家健：《广西加快行政执法人员资格考试改革》，载广西壮族自治区人民政府门户网站，2017年12月4日，http：//www. gxzf. gov. cn/sytt/20171204-667042. shtml。李妮：《我省加快推进五大领域综合行政执法改革》，载《陕西日报》2019年4月3日，第1版。马云云、崔岩：《山东清理行政执法主体和人员，不合条件的一律取消》，载齐鲁壹点，2019年5月6日，https：//baijiahao. baidu. com/s？ id=1632754387561430522&wfr=spider&for=pc，最后访问时间2021年2月2日。

此，有必要完善取证主体与协助主体的区分，实现协助取证主体的法制化，淡化争议取证行为的争议性。目前有两个可行方向，一是体制内的协助取证主体，如执法辅助人员。其中，公安警务辅助人员工作权限设定的规范化路径值得各系统借鉴。一方面，自 2016 年警务辅助人员改革以来，国务院及各省市出台文件，授权警务辅助人员享有协助采集人口信息、协助开展治安检查和视频监控、协助盘查、堵控等辅助取证职权，以保障公安行政执法队伍的完整性，提升警务执法效能；[①] 另一方面，通过规范性文件备案审查制度纠正了一批违法扩大警务辅助人员工作权限的规范性文件。[②] 二是体制外的协助取证主体，如公民举报制度。交管、城管等部门已陆续出台规定，明确单位或者个人提供的照片或者视频等原始资料，经审核无误可作为处罚的证据。[③] 今后应继续推进体制内外的协助取证主体建设。

其三，为非人类智能设备执法主体的法制化做好准备。争议取证行为的另一个争议焦点是引入智能设备的步伐过快，突破现有法秩序对执法主体的设定。为此，2017 年国务院出台《新一代人工智能发展规划》，要求在行政管理和政务服务中推进人工智能的应用，并要求明确人工智能法律主体以及相关权利、义务和责任，[④] 进而引发各界对人工智能执法主体身份的争论。支持者认为，可以模仿公民的“自然人”制度、团体的“法人”制度，构建人工智能的“电子人”制度，使其

---

① 参见国务院办公厅《关于规范公安机关警务辅助人员管理工作的意见》（2016 年）第九条，《公安机关办理行政案件程序规定》第五十二条，《道路交通安全违法行为处理程序规定》第三十六条，《河南省警务辅助人员条例》第十五条，《江苏省公安机关警务辅助人员管理条例》第八条。

② 参见全国人大常委会法制工作委员会法规备案审查室编著：《规范性文件备案审查案例选编》，中国民主法治出版社 2020 年版，第 154、163 页。

③ 参见《道路交通安全违法行为处理程序规定》第二十三条，《上海市城管执法部门非现场执法工作规定（试行）》第八条第二款。

④ 参见《国务院关于印发新一代人工智能发展规划的通知》（国发〔2017〕35 号）。

获得法律主体地位。① 反对者表示，完全无人工介入的全自动行政行为，既得不到已有理论支持，也被域外立法排除，且在法院的司法审查中必然因行为缺陷而落入违法境地。② 在域外一些国家已通过颁发户籍、授予居住权、认定为“驾驶员”、承认公民身份等方式，赋予智能设备法律主体身份。③ 今后，行政执法业界可以依托国家政策，借鉴域外经验，探索推进非人类智能设备的执法主体身份，以及相关权利义务设置。

其四，研判社会取证组织的可行性。在争议取证行为实施主体的设定上，能否做更大胆的设想——将部分案件的取证权外包给社会取证组织，让其以自己的名义实施取证，甚至实施处罚？从短期看，该想法大大超越《行政处罚法》关于行政委托的规定。但从长期看，社会取证组织仍有可取之处：一是能够取代凌乱的“地下执法队”，引导社会取证的集约化经营，从根源上防范“执法回扣现象”。④ 二是政府购买公共服务的大胆实践，促使政府从“养人（临时工）”向“养事（购买服务）”转变，从根本上防止政府通过“影子雇员”不受限制地扩张。三是对国外有益经验的借鉴，美国政府实施职能外包的事项广泛远超调查取证，甚至包括空中管制监视、情报收集、监狱管理、

① 郭少飞：《“电子人”法律主体论》，载《东方法学》2018 年第 3 期，第 38-41 页。

② 查云飞：《行政裁量自动化的学理基础与功能定位》，载《行政法学研究》2021 年第 3 期，第 119-120 页。

③ 贾征：《日本给机器人赋予了户籍这事你怎么看》，载中关村在线，2017 年 11 月 9 日，http：//sh. zol. com. cn/664/6645230. html。李明：《美交管局认定谷歌自动驾驶系统为“驾驶员”》，载新浪科技，2016 年 2 月 10 日，http：//tech. sina. com. cn/it/2016-02-10/doc-ifxpfhzk9209133. shtml。陈莹：《当机器人获得公民身份之后》，载新浪科技，2017 年 11 月 6 日，http：//tech. sina. com. cn/d/2017 - 11 - 06/doc - ifynmvuq8815773. shtml，最后访问时间 2021 年 2 月 2 日。

④ 吴亮：《行政调查中的诱惑取证研究》，中国政法大学出版社 2017 年版，第 233 页。

保护大使馆、消灭毒品种植基地等，形成了所谓的“第三方政府”组织。[①] 笔者认为，上述域外实践虽然突破了我国关于政府外包事项边界的主流观点，但其中的有益经验仍值得我国审视和考量。若社会取证组织在若干年后得以设立，为防范“钓鱼执法”危机的发生，行政机关的主要职责也将会随之转变：一是从负责事中的调查取证转变为负责社会取证组织的事前审批和事后监管；二是为社会取证组织的活动提供协助和便利；三是受理投诉，投诉的数量和结果应成为考核社会取证组织的重要指标。适当讨论前沿方案，有助于打开视野，即使最终不能落地，也大有裨益。

（二）对实施条件的严格把控

实施条件不能任意化。依据相关行政法规范，即使实施一般的调查、检查、盘问、留置等取证行为，也要符合相关条件。[②] 相较而言，争议取证行为的“烈度”更甚，应当制定更为明确而严格的实施条件。

一是存在盖然性怀疑，前期调查所掌握的证据及迹象表明，在大概率上违法事实是存在的。二是穷尽一般手段，这体现出争议取证行为的非首选性。三是虽未穷尽一般手段，但剩余手段成本过高，或证据容易灭失而无法实现取证目的，同时取证结果具有压倒性的可欲性或可追求性。四是利益权衡，当公共利益明显高于个人利益时，争议取证行为可以实施；当两方利益的价值相当时，应保持争议取证行为

---

① 关于我国政府“影子雇员”和美国政府外包服务现象，参见吕芳：《中国政府的“影子雇员”与“同心圆”结构——基于街道办事处的实证分析》，载《管理世界》2015 年第 10 期，第 111、114-115 页。

② 《行政处罚法》第五十四条规定执法人员实施调查和检查的条件，《治安管理处罚法》第七十八条、第八十七条分别规定民警实施调查和检查的条件，《人民警察法》第九条规定民警实施盘问、检查及留置的条件，《海关行政处罚实施条例》（国务院令 2004 年第 420 号）第三十三条规定海关人员实施调查的条件。

的谦抑性，不予实施。

（三）对实施范围的严格把控

实施范围不能广泛化。若所有类型的案件都允许实施争议取证行为，这不仅会违反比例原则，还会极大损耗政府公信力。应当划定争议取证行为的实施范围，防止“无差别轰炸”。

其一，基于公共利益的考量。在事关公共安全、经济社会发展等领域存在巨大公共利益，要求行政机关采取更强势的执法态度，拥有更灵活的执法手段。这些领域包括但不限于社会治安、食品药品安全、产品质量安全等。

其二，基于案件自身性质的考量。一是组织集团性违法案件，如传销、赌博等。组织集团性违法案件具有层层掩护、难以深入的性质，一般取证手段难以获取证据。二是隐性受害者的违法案件，如色情、非法营运等案件。遭受侵害的法益是社会管理秩序而非具体个人，当事双方从某种程度而言甚至是违法行为的“受益者”，极少出现一方主动报案的情况，多数线索只能通过行政机关主动调查获取。三是连续性、继续性违法案件。该类案件的实施者通常是累犯惯犯，主观恶性较大，可采取力度更大的取证手段，且相同类型的案件多次发生，极易造成社会隐患的堆积，极大降低人民群众的安全感，当地居民对争议取证行为的容忍度较高。

其三，基于专案专办的考量。此处参考《刑事诉讼法》对技术侦查的限制性规定。技术侦查会给被实施者的生活及隐私带来极大干预。因此，《刑事诉讼法》第一百五十一条规定，技术侦查必须有确定的种类和适用对象，且每次批准的有效期在 3 个月以内。行政执法中的争议取证行为对相对人的影响远大于一般取证行为，故在制度设计时，获批的争议取证行为仅针对本案，不能用于其他案件或掺杂其他目的；

每次批准应当有时间和范围的限制；一次一批准，禁止笼统批准、一揽子批准。

（四）对启动程序的严格把控

启动程序必须制度化。制度是通过对经验的抽象和固化，来提高反复实施的可行性，防范实施该行为所产生的系统性风险。结合党的十九届四中全会《决定》“强化权力制约，健全分事行权、分岗设权、分级授权制度”之要求，笔者认为应当确立争议取证行为的报批制度。

在国内外立法例中，报批制度的设置存在“外部控制型”和“内部控制型”两类。“外部控制型”报批制度，指由行政机关以外的第三方决定是否启动，如我国检察机关的“批捕制度”和欧美法院的“令状制度”。该类报批制度的优点是更客观中立，可以减少行政机关权力滥用；缺点是效率低下，执行成本提高且保密性减弱。“内部控制型”报批制度，指由行政机关内部决定是否启动，如我国行政法规范中广泛采取的本级行政机关负责人批准或决定。[①] 该类报批制度的优点是审批人员的专业性强、效率高、灵活性大，成本较低且保密性增强。缺点是执行时难免受到主观倾向、部门本位主义的干扰。

笔者认为，在我国重实体、重效率的行政理念及由此形成的机构设置之下，“外部控制型”的报批制度可行性不高。但单纯的“内部控制型”又存在缺陷。故笔者博采众长，提出改良版“内部控制型”报批制度，具体操作如下：一是提级批准，由执行机关的上一级机关批准。二是本级政府法制部门监督，如前期要求行政机关按期提交争议取证行为的使用计划，申请时加入法制部门的合法性审查，事后对所

---

① 参见《行政处罚法》第四十三条第三款、第五十六条、第五十七条、第五十八条，《行政许可法》第四十二条，《行政强制法》第十八条第一项、第十九条、第二十条第二项、第二十五条、第三十二条，《治安管理处罚法》第八十二条。

取得的证据、执法记录仪、相应文书进行检查或抽查。三是参考西方令状制度的文书内容，增加报批材料的复杂性和完整性，制衡行政机关随意使用争议取证行为的欲望。四是确有必要的，可以适当设置例外规定。此处可借鉴美国经验，通过判例明确“无证搜查”的情形，即在当事人同意、紧急状况、边境检查、福利调查、外观直接可视的调查、高密度监管的行业等情形下，行政机关不必申请令状即可展开相应的调查；美国《联邦调查局乔装侦查行动准则》有“口头批准”的规定，即在可能造成重大取证机会消失的情况下，审批部门可以口头批准乔装侦查活动，并在事后提交相关说明。

三、事中的行为干预

即使经过严格的事前启动控制，也并不代表能够一劳永逸地防止争议取证行为“变质”。要跟进争议取证行为的实施全过程，一发现“变质”苗头就应及时干预。

（一）对秘密取证行为的监督

秘密取证行为在执法实践中较为常用，非侵权秘密取证已获得立法机关的肯定，故对该取证行为的干预重点是预防侵权结果发生，干预手段是实现两个阶段的监督。

第一阶段，手段监督。确保秘密取证的具体手段尽量不超出法律框架。有学者曾对秘密取证的合法性空间进行研究，发现在我国现行法律框架下，秘密取证的合法实施方式包括采用直接观察、乔装调查、从其他行政机关处获取、向第三方社会主体调取和行政举报获取。[①] 若

① 徐涛：《行政隐蔽调查的法律空间》，上海交通大学 2014 年博士学士论文，第 42-56 页。

秘密取证行为已经超出法律框架，则进行下一阶段监督。

第二阶段，领域监督。确保超出法律框架的秘密取证，始终在公共领域实施，不越界进入私人领域，防止产生侵权结果。公私领域可从以下两个角度区分：一是客观空间角度，公共领域有几大特征，即不处于封闭空间内、无人为故意阻隔、相对人在意识到有外人经过时不刻意回避或躲闪。二是主观价值角度，私人领域有几大特质，即不违反法律法规及一般强制性规定、不违反公序良俗及一般道德规定、不涉及第三人利益。

（二）对证据“漂白”行为的发现与消除

证据“漂白”行为与现代法治相悖，不具有引导和规训的空间，应及时发现并消除。在遏制证据“漂白”行为方面，刑事诉讼领域已开展时间较长、研究较深入，值得借鉴。成熟的做法有从行为经济学的视角出发，建立一种激励和惩罚的混合模式，从正反两方面来引导和鞭策行为的规范运作。其中，正向激励包括构建严格的保密程序、完善“破案经过”等情况说明；反向惩罚包括建立证据排除的“放射效应”、提高证据转化的发现机制、加强检法机关对特殊侦查的保密意识、严格贯彻泄密的惩处机制等。[①]

（三）对高科技取证行为的合法性引导

高科技取证行为是新兴事物，应当趋利避害，将其引入法治轨道。本书结合科创产品“设计研发—市场投入—用户反馈”的迭代周期，提出对高科技取证行为的合法性引导。

---

① 董坤：《实践的隐忧——论特殊侦查中的证据转化》，载《中国人民公安大学学报（社会科学版）》2013 年第 3 期，第 59-61 页。

其一，从设计者角度给予合法性引导。一是限制科技对行政调查取证的过度嵌入。科技进步越是捷报频传，人类越应警惕，“因为超乎想象的发展步伐意味着人类社会的既有规制框架发生了明显的滞后性，缺乏人类价值指引的技术，很可能会成为对抗人的恶的力量”①。警惕科技过度嵌入的立法思路，已在旅游文化、物业管理、个人信息采集、社会信用管理等其他领域显现。② 在行政调查取证过程中，执法者与相对人的地位不对等是不可避免的，公权力稍一“振翅”，相对人的权益就可能被折断，这就需要执法部门对科技嵌入保持审慎态度，宜通过设置禁止性、条件性、范围性规范予以实现。二是设计时要有法学家甚至行政执法者参与。高科技取证手段的设计，最终服务于行政执法，故绝不能仅是工程技术人员的“一手独创”，应当融入社会学家、伦理学家、法学家，甚至一线执法者的智慧和力量。行政执法者经过执法实践的锤炼，对执法的环境、语言、技巧及相对人的反应有直观且深刻的体会，加入他们的智慧更能提升高科技取证手段的专业性与科学性。三是用技术制衡技术。高科技取证行为的高效秘诀，在于其通过模式化的程序编辑，将无数个执法场景与取证行为配对，设备一旦识别到类似场景，即刻触发相应的取证行为。既然取证行为的实施能够

---

① 洪丹娜：《算法歧视的宪法价值调适：基于人的尊严》，载《政治与法律》2020 年第 8 期，第 36 页。

② 2020 年 8 月，文旅部出台《在线旅游经营服务管理暂行规定》，第十五条规定禁止在线旅游经营者滥用大数据分析等技术手段，基于旅游者消费记录、旅游偏好等设置不公平的交易条件。同年 11 月，杭州在全国率先启动了人脸识别禁止性条款的地方立法——《杭州市物业管理条例（修订草案）》。同年 12 月，全国人大法工委在介绍《个人信息保护法（草案）》的审议情况时表示，在处理包括人脸等个人生物特征在内的敏感个人信息问题上，只有具备特定目的和充分必要性方可处理敏感个人信息，并在事前进行风险评估。2021 年 1 月 1 日天津市实施的《天津市社会信用条例》，规定了企事业单位、行业协会、商会禁止采集人脸、指纹、声音等生物识别信息。刘华东：《加强新兴领域立法——全国人大常委会法工委发言人回答立法热点问题》，载《光明日报》2020 年 12 月 22 日第 3 版。王姗姗：《个人信息保护诸多难题待解》，载《中国青年报》2020 年 12 月 21 日第 4 版。

通过编程实现，那么人性尊严、行政法基本原则等人文价值，也能通过编程植入高科技取证行为中。设备一旦触及人伦道德底线，即刻触发“刹车”或“转介人工”程序，实现师“技”长技以制“技”。

其二，从执法者的角度给予合法性引导。一是提升执法人员掌控高科技取证手段的能力。“会用科技”是“善用科技”的前提。行政执法领域应当依托我国当下“计算法学”“人工智能法学”“未来法治”的研究趋势，① 招募和培养既深谙“规则”又精通“技术”的复合型执法人才。二是执法人员审慎采取高科技取证行为。高科技取证行为的实施应当具有谦抑性，并符合比例原则。具体操作上，可以借鉴域外公民个人使用监视设备的限制性规定。② 设置执法人员使用高科

① 中国人民大学法学院于 2017 年年底成立未来法治研究院，系统开展前沿科技与法律的交叉研究。清华大学于 2018 年设立跨学科领域法学教育项目“计算法学全日制法律硕士”，并开设一系列与网络、大数据与人工智能结合的技术类课程。西南政法大学以 1999 年成立的应用法学院为基础，于 2017 年年底挂牌成立全国首个人工智能法学院；于 2018 年在全国率先增设“人工智能法学”二级学科，涵盖数据法学、网络法学、算法规制和计算法学四个方向；于 2019 年获批人工智能法学学科博士授权点，率先在全国实现人工智能法学本、硕、博贯通式人才培养体系。上海政法学院于 2019 年将原计算机教学部与上海司法研究所合并，组建人工智能法学院。张子涵：《中国人民大学法学院成立未来法治研究院》，载人大新闻网，2017 年 9 月 13 日，https：//news. ruc. edu. cn/archives/178730。徐隽：《中国人民大学法学院：改革课程体系推动迭代升级》，载《人民日报》2018 年 5 月 2 日，第 17 版。《“计算法学”夏令营即日起接收报名申请》，载清华大学法学院官网 2018 年 5 月 29 日，http：//www. law. tsinghua. edu. cn/publish/law/3568/2018/20180529150023597360167/20180529150023597360167_. html。《西南政法大学人工智能法学院简介》，载西南政法大学人工智能法学院官网，2020 年 6 月 29 日，https：//alc. swupl. edu. cn/xygl/xygk/index. htm。《学院简介》，载上海政法学院人工智能法学院官网，http：//www. shupl. edu. cn/rgznfxy/xyjj/list. htm，最后访问时间 2021 年 2 月 2 日。

② 域外公民个人使用监视设备的限制性规定包括：“禁止全面监视”参见 United States v. Karo，468U. S. 715（1984）；Jackson，76P. 3d 217（wash 2003）。“禁止跟踪监视”参见 United States v. Karo，468U. S. 715（1984）；State v. Jackson，76P. 3d 217（wash 2003）。“以一般公众使用的工具为界”参见 State v. Jackson，76P. 3d 217（Wash 2003）；Kyllo、United States，553 U. 5. 37-38（2001）。上述材料均转引自吴亮：《行政调查中的诱惑取证研究》，中国政法大学出版社 2017 年版，第 252 页。

技设备的限制性规定，包括禁止未授权的全面监视，执法人员只能使用高科技设备对特定时段和场所进行有限监控，不得在未授权的情况下对人口稠密的公共场所进行长年累月的全面监视；禁止未授权的追踪监视，执法人员不得擅自调动整个区域内的设备对特定车辆或人员进行“形影不离”的锁定式追踪监视，或通过拼凑个人行踪达到追踪监视目的；禁止未授权升级监控手段，如禁止将普通监控设备，擅自升级为高清、远程、红外甚至卫星定位监控设备。三是人工对高科技设备的实时监控和随时介入。人工监控一方面旨在对侵权的高科技取证行为“踩下刹车”，另一方面避免设备因病毒及黑客的入侵，造成证据被破坏、篡改、伪造，保护无辜者不受牵连。此外，当高科技设备因遭遇尚未编入程序的新情势，或遭遇“人伦难题”而使取证行为势必侵权时，应当转入人工执法程序。

其三，从公众的角度给予合法性引导。一是实现披露性。行政公开原则发展到今天，自然应当包括对技术的公开披露。披露内容应当包括高科技设备的放置位置、工作机理等。二是增加可读性。大多数相对人对科技专业知识的认知能力有限，若技术披露时使用只有专家才能听懂的语言，无疑成为影响技术公开性的第二道障碍。因此，技术的公开应以普通公众能理解为标准，提升呈现方式的可读性。三是通过立法上升为公众意志。当某些高科技取证行为被大部分公众接受或抛弃时，应当通过代表公众意志的法律加以固化。在德国，1976年《行政程序法》第三十七条、第三十九条就已规定“借助自动设备作出的行政行为”的成立规则，[1] 2017年该法修改后在其第三十五条创设了“全自动具体行政行为”，以规制实务中大量由机器作出的无裁量简

① 应松年：《外国行政程序法汇编》，中国法制出版社2004年版，第96-97页。

单羁束行政行为。[①] 在我国，2021 年《行政处罚法》第四十一条增添了电子监控设备取证的规定。以上均是依法治“技”的伟大实践，下一步应当将高科技取证行为所获取的数据纳入公物法规制，使证据数据符合公物的使用目的和范围，防止数据滥用。

四、事后的矫正和补救

争议取证行为实施完毕后，为消除所取得证据基于先前取证行为而残留的争议性，有必要设置事后的矫正和补救机制。

（一）调查—审核—决定分离

争议取证行为实施后，为尽可能矫正执法人员的主观偏见，并对证据评判的客观真实性进行补救，可以让证据审核及作出行政决定的人员与之前进行调查取证的人员不同一。

考察国内外行政执法中的调查—审核—决定分离实践，分离程度从低到高可分为三类：一是低度分离，即仅要求执法人员不同，如我国行政执法听证程序中，主持人必须是非参与调查案情的人员。[②] 二是中度分离，即一个行政机关内部机构设置的分离，如美国《联邦行政程序法》第五百五十四条（D）款要求行政机关在内部设置上，要实现调查、审理、裁决的分离。三是高度分离，要求多个行政机关间的分离，如我国香港在查处非法客运案件中，警察负责取证，交通部门裁决，法院司法监督。[③]

---

① 查云飞：《人工智能时代全自动具体行政行为研究》，载《比较法研究》2018 年第 5 期，第 171-172 页。

② 参见《行政处罚法》第六十四条第一款第四项，《行政许可法》第四十八条第一款第三项，《公安机关办理行政案件程序规定》第一百二十七条第二项。

③ 李斌：《香港如何打击黑车非法客运》，载《新民晚报》2012 年 9 月 12 日第 6 版。

笔者认为，上述三类分离模式各有局限。低度和高度分离模式，前者分离程度太低、效果不大，后者效率低、灵活性差、成本高、保密性差。而介于两者之间的中度分离模式，又有分离不彻底之嫌：一方面，人员仍在一个环境中工作，观点和看法容易相互影响；另一方面，在同一行政机关或首长的指挥下，目标趋同——本质上行政机关还是成为审理自己案件的法官。各执法部门可参照上述模式，设计出符合自身需求的调查—审核—决定分离模式。

（二）当事人参与

欲摆脱争议取证行为的侵权之嫌，可在取证后邀请相对人和第三人共同参与，这样可以起到“共同确认”或“事后追认”取证行为合法性的效果。但该设想面临三点挑战：其一，要向当事人透露多少细节问题？是只透露取证措施和设备的运行机理，还是透露取证行为的全过程，甚至是让取证人员与当事人对峙？其二，是否会间接“培养”当事人的“反侦查能力”，降低再次实施争议取证行为的取证成功率，甚至引发行政机关与当事人之间的“军备竞赛”。前者不断升级取证行为的强烈程度，后者不断增强防御措施的强烈程度和逃脱行为的灵活程度。如何避免上述情形发生？其三，如何保护取证人员的个人信息及人身安全？基于上述挑战，必须从当事人的参与权利、参与限度、程序设计三个方面展开制度构建。

笔者认为，在当事人参与权利的设定上，依据《个人信息保护法》规定的个人信息权益，结合行政执法实际，当事人被采取争议取证行为后，应当享有六项参与权利：一是对被调查的知晓权，即知道自己曾被采取争议取证措施。二是证据管理情况的知晓权，即知悉所取得的证据，特别是涉及个人信息的证据放置情况、是否安全等。三是相关个人信息的获取权。个人信息与个人信息主体之间的归属关系，不因行政机关实施取证行为而消灭，故只要超过办案所需的“保密期”，当事人就有权获取该信息。四是错误信息的修改权。这些错误的信息如果被行政机关用于日后的行政管理，会对当事人造成不利的影响。五是已不需要信息的删除请求权。六是其他个人信息法律规范中规定的当事人权利。

在当事人参与限度的设定上，行政机关不应将所有信息都向相对人披露。《个人信息保护法》虽然规定了自然人的个人信息权益，但也规定了国家机关的履职豁免，故行政机关告知当事人的内容也要符合比例原则。一是正在进行的取证行为不予告知，防止当事人向潜在的同伙通风报信。二是取证行为的具体方法、步骤及措施不予告知，防止日后执法中当事人采取有针对性的“反侦查”措施而使执法效果锐减，防止行政机关与当事人之间形成恶性“军备竞赛”。前者不断升级取证行为的强度，后者不断增强规避手段的烈度。三是取证人员的个人信息不予告知，旨在保护其隐私及人身安全，防止其私生活受扰及被打击报复。这与2002年《行政诉讼证据规定》第七十四条为保护证人、鉴定人及其近亲属的人身和财产安全而对其住址和联系方式予以保密的规定一脉相承。四是要受到《政府信息公开条例》第十四条至第十六条设定的公开范围中，关于“不予公开”“不得公开，但有例外”，以及“可以不公开”等具体规则的限制，包括涉及国家秘密、法律禁止、不良影响的，不予透露；涉及商业秘密、个人隐私的，不得透露，但有例外；内部性、过程性、案卷性信息的透露事宜，由行政机关自主决定。

在参与程序的设定上，可以调查—审核—决定分离模式为基础，规定证据审核部门在审核证据三性的同时，将符合要求的证据信息告知当事人，当事人不仅可以针对已有的证据提出质疑，还可以另行提交证据。

（三）原生证据的使用

通过争议取证行为直接取得的材料，能否作为证据使用，又该如何使用？基于事后矫正和补救思路，本书对三种证据使用情形进行分析。

一是作为线索，用于启动正式取证程序。这是最缓和的使用方式，基本没有法律障碍，适用于现有法律规范中的投诉举报规定。只不过投诉举报的主体是行政机关自己。争议取证行为若未经过“调查—审核—决定分离”和“相对人参与”措施的矫正，所取得证据只能做线索使用。

二是作为需要补强的证据。若相关证据对认定案件事实具有必要性和唯一性，虽未经过“调查—审核—决定分离”和“相对人参与”措施的矫正，仍需作为证据使用的，应当考虑设置证据补强规则。最高法 2002 年《行政诉讼证据规定》第七十一条要求对下列证据进行补强：未成年人证言、利害关系人证言、无正当理由不出庭者的证言、修改存疑的视听资料、真实性存疑的复制品、改动后对方不接受的证据。可以此为契机，增添争议取证行为的证据补强规则。

三是作为独立证明案件事实的证据。要实现该种证据使用方式，则必须经过“调查—审核—决定分离”和“相对人参与”措施的矫正和其他程序的补救。

（四）衍生证据的使用

若争议取证行为已产生侵权结果而被判定非法，且原生证据已被排除，则衍生证据能否继续使用呢？可以通过以下步骤，确定衍生证据的性质：

第一步，区分非法取证行为的实施主体。相对人实施的非法取证行为，原生证据被排除后，衍生证据仍能使用。例如，“在工伤认定之诉中，处于弱势地位的劳动者自行收集提供的支持工伤结论的‘毒果’证据可以采信，可以缩小相对人与行政机关不对等形成的巨大反差”。[①]而行政机关实施非法取证行为致使原生证据被排除的，其衍生证据的效力需要进入下一步判断。

第二步，区分行政机关非法取证行为的违法性程度。欧盟《刑事大法典》依据非法取证行为的恶劣程度，依次将原生证据分为三类，即“非法取得的证据”“违规取得的证据”“不当取得的证据”，并进行区分对待。[②] 可借鉴上述思路，依据行政机关非法取证行为的恶劣程度，将原生证据区分为三类——通过犯罪行为取得的证据、通过一般违法行为取得的证据、通过轻微违规行为取得的证据。第一类证据被排除的，衍生证据坚决一并排除；后两类证据被排除的，其衍生证据的效力需要进入下一步判断。

第三步，区分衍生证据的用途。用于对相对人影响重大的领域，如用于处以拘留、责令停产停业、吊销许可证等处罚行为，衍生证据应当一并排除。用于对相对人影响轻微的领域，如简易程序、过程性行为，衍生证据可以继续使用。

第四步，判断是否存在例外情形。一是独立来源。非法取证行为与相关证据之间并不具有因果联系，相关证据是通过其他手段独立获取的，如非法取证方同时通过合法手段，取得另一份与非法证据内容相同的合法证据。二是污点稀释。非法取证行为虽与相关证据之间具有因果联系，但对取得该证据的影响非常小。以至于排除该证据的成本，与保证程序正义及人权的收益明显不相称。造成污点稀释的原因

---

① 杨曙光：《试论行政诉讼中非法证据的认定与排除》，载《江淮论坛》2012 年第 2 期，第 142 页。

② 何家弘：《适用非法证据排除规则需要司法判例》，载《法学家》2013 年第 2 期，第 108-109 页。

包括两种：要么是非法取证行为与非法证据之间，仅具有偶然因果联系；要么是有合法行为介入，如对非法证据进行补证。三是证据必然发现+取证人员无恶意。“证据必然发现”指即使不采用非法取证行为，该证据也必定在后续的合法取证过程中呈现。但仅规定证据必然发现会出现一个弊端，即当同时出现合法和非法两种取证手段时，执法人员会以“证据必然发现”为借口而走非法取证的捷径。因此，必须再加上“取证人员无恶意”的限制，如上级给下级执法人员批准了一个有瑕疵的搜查证，执法人员已尽到专业审慎义务依然未能发现该瑕疵，随后依据该瑕疵搜查证取证。此时执法人员无恶意。

第七章 “特定行为类”非法取证行为惩戒与替代的实现

“特定行为类”非法取证行为以暴力逼供、胁迫（威胁）、利诱（引诱）、欺诈（欺骗）等方式获取证据，虽是对法治的极度践踏和人权的严重戕害，却也蕴含着合法取证手段供给不足的无奈。欲实现标本兼治，既要追究相关人员的责任，又要找到具有针对性的合法取证替代方案。①

一、完善发现与追责机制

1. 完善发现机制

一是善用行政执法公示、执法全过程记录、法制审核“三项制度”。非法取证是执法不严格、不规范、不文明、不透明的产物。为此，2018年国务院印发《关于全面推行行政执法公示制度执法全过程记录制度重大执法决定法制审核制度的指导意见》（简称“三项制度”）。2021年《行政处罚法》进一步将“三项制度”固化为法律条文。②“三项制度”整合法制审核机构与案件承办机构的执法合力，实现取证全过程留痕和可回溯管理，通过保障相对人和社会公众的知情

① 对本章内容更为详尽的论述，参见作者已发表的期刊论文《从“围堵”走向“疏通”：公安行政执法中非法取证行为规制新路径》，载《广西政法管理干部学院学报》2021年第6期，第100-109页。

② 参见《行政处罚法》第三十九条、第四十七条、第四十八条、第五十八条。

权、参与权、表达权、监督权倒逼行政机关依法取证，是及时发现和纠正非法取证行为的有力武器。二是建立重大行政案件询问合法性审核机制。近年来，为防止刑讯逼供等非法讯问行为，刑事诉讼领域积极探索重大案件讯问合法性审查机制①，取得可喜成效，值得行政执法领域借鉴。重大行政案件的范围可以参考《行政处罚法》第五十八条、第六十三条，《行政许可法》第四十六条关于听证和法制审核的案件范围的规定。相对人可在听证会上申请审核询问的合法性。审核主体应当是第三方单位，如检察机关，监察机关可适当配合。为确保审核的高效性，审核内容仅包括相对人是否遭受来自行政机关的暴力及暴力的程度，不审核具体案情。审核期间不影响行政机关对相对人作出行政决定。检察机关发现暴力逼供线索的，应向办案行政机关或其上级机关提出检察建议，内容包括排除非法证据、补充调查等。

2. 完善追责机制

“程序违法类”和“实体违法类”非法取证行为的恶性程度相对较低，排除相关证据足以达到惩戒目的。但“特定行为类”非法取证行为的恶性程度极高，有必要在排除相关证据后对相关责任人追责。具体方法是打通我国当下行政机关工作人员“政治责任—党纪责任—行政责任（政务责任）—刑事责任”的四重追责形态，建立“特定行为类”非法取证行为的责任追究机制，依据责任主体、主观恶性及危害结果等要素对相关责任人进行追责（见表7-1）。

① 参见最高人民检察院、公安部、国家安全部《关于重大案件侦查终结前开展讯问合法性核查工作若干问题的意见》（高检发办字〔2020〕4号）。

表 7-1 “特定行为类”非法取证行为的责任追究机制

追究形式	适用情形	追究方式
政治责任①	政治影响恶劣，表现为：一些党政负责人因用人决策失误、监督下属不力发生非法取证，造成恶劣政治影响	政治问责，包括：通报；诫勉；停职检查、调整职务、责令辞职、免职、降职等；责令公开道歉
党纪责任②	违反党纪，表现为：执法人员（直接责任者）、执法行动领队（主要领导者）、行政机关负责人（重要领导责任者）中的党员，违反党的群众纪律和工作纪律，实施非法取证行为或纵容其发生	（党内）纪律处分，包括：警告；严重警告；撤销党内职务；留党察看；开除党籍
行政责任（政务责任）③	职务违法，相关情形包括：（一）公职人员在管理活动中态度恶劣粗暴、滥用职权、不履行或不正确履行职权，实施非法取证行为；（二）行政机关公务员以殴打、体罚、非法拘禁等方式侵犯公民人身权利；（三）人民警察办理治安案件实施暴力逼供、体罚、虐待、侮辱他人、超过询问查证时间限制人身自由	行政处分（政务处分），包括：警告；记过；记大过；降级；撤职；开除
刑事责任④	职务犯罪，相关罪名包括：刑讯逼供罪、暴力取证罪、侮辱罪、非法搜查罪、非法侵入他人住宅罪、非法拘禁罪、侵犯通信自由罪、侵犯公民个人信息罪、非法使用窃听窃照专用器材罪、滥用职权罪、玩忽职守罪、故意伤害罪、过失致人死亡罪、故意杀人罪	追究刑事责任接受刑法处罚

① 依据《党政领导干部辞职暂行规定》第十五条，《关于实行党政领导干部问责的暂行规定》第五条、第七条，《中国共产党问责条例》第七条、第八条，《中国共产党组织处理规定（试行）》第三条、第七条第一款第五项。

② 依据《中国共产党纪律处分条例》第八条、第九条、第一百一十二条、第一百一十六条、第一百二十一条。

③ 依据《公务员法》第六十二条，《行政机关公务员处分条例》第二十五条第一款第一项，《公职人员政务处分法》第七条、第三十八条第一款第三项、第三十九条第一款第一项、第二项、第四十一条、第六十二条第一款第三项，《治安管理处罚法》第一百一十六条第一款第一项、第二项。

④ 依据《刑法》第二百三十二至二百三十四条、第二百三十八条、第二百四十五至二百四十七条、第二百五十二条、第二百五十三条、第二百八十五条、第三百九十七条。

二、暴力逼供的替代方案

首先，破除暴力、恐吓、强力压迫有助于发现案件真相的迷信。科学研究表明，人在经历疼痛、恐惧和严重压迫后再进行供述，供述内容的可靠性降低。这不仅是因为审讯对象不堪忍受而屈打成招，更是因为强力压迫会破坏人的记忆，致使表述失真。美国中央情报局在暴力逼供方面做了大量研究，甚至还研发了一套标准化的“增强审讯技术”（Enhanced Interrogations）。其中“睡眠剥夺”（Sleep Deprivation）、“撞墙”（Walling）、“水板”（Waterboarding）等凝聚研发人员心血的逼供方法一应俱全。可以说，除了每次暴力逼供被曝光所承受的舆论压力和程序性法律审查外，中情局能轻易让任何人招供。然而，招供的信息就一定可靠吗？心理学家查尔斯·摩根（Charles Morgan）通过实验发现，哪怕只有30分钟的极端压力（Extreme Stress），就能让逼供对象对30分钟前的记忆产生模糊，甚至开始胡乱指认30分钟前见过的人。这表明他们的记忆被破坏了，这种症状类似于患上短期的战后心理综合征（PTSD）。还有研究认为，长期的睡眠剥夺、饥饿会导致大脑的结构性重组。[①] 这也是为什么中情局在暴力逼供基地组织领导人哈立德·谢赫·穆罕默德（Khalid Sheikh Mohammed）时，虽能撬开穆罕默德的铁嘴，却获取了许多胡言乱语的无效信息。[②]

其次，探寻暴力逼供的替代方案。近年来，公安机关在心理学和行为科学的基础之上，构建通过语言及身体行为来说服嫌疑人如实供

---

① See Shane O'Mara, Why Torture Doesn't Work: The Neuroscience of Interrogation, USA, Harvard University Press, 2015, pp. 17-19, 127, 137, 167.

② See Malcolm Gladwell, Talking to Strangers, USA, Hachette Book Group, 2019.（电子版无页码，具体章节是 Chapter Nine KSM: What Happens When the Stranger Is a terrorist.）

述的“软讯问”模式。[①] 同时，学界力倡“非对抗式讯问”技术，来提高嫌疑人自愿供述和认罪认罚的概率。[②] 另据研究表明，归纳和分析包括异常动作、异常表情、异常衣着及异常物品在内的嫌疑人“异常行为规律”，有助于判断案件性质、确定调查范围、发现违法线索、锁定嫌疑人，最终通过规律而不是暴力破案。[③] 上述替代方案，有助于调查人员在放弃暴力逼供的情况下，仍能提高破案率。

三、以合法施压替代胁迫（威胁）

如上文所述，通过“威胁、使用暴力”和“威胁损害相对人及其近亲属的合法权益”取得证据的行为，必然构成非法取证行为。但在执法过程中，执法人员毫无强制地与相对人接触是不现实的，因为执法本身就是公权力的一种强迫行为，即使一再强调约束权力和保障人权，也不等于讯问违法嫌疑人时应当丧失强制性，并且在很多时候，恩威并施的执法策略是应对“刁民恶霸”的灵丹妙药。因此，有必要划定胁迫（威胁）与正常合法施压之间的界限，在捍卫依法行政的同时提升执法能动性。

合法施压的方式有三种：一是利用政策施压，如告知相对人处于扫黑除恶期间、国家采取严打政策、上级专项行动、中央挂牌督办等。二是利用客观环境施压，如执法人员着装威严、语气严厉，询问场所狭小、封闭、压抑、座椅不舒适等，让相对人产生“尽快让我离开”的心理欲望。三是利用裁量权施压，如告知相对人若不配合，将在裁

---

① 陈闻高：《侦讯模式论》，载《中国人民公安大学学报（社会科学版）》2013 年第 6 期，第 75-80 页。

② 韩铮：《非对抗视角下侦查人员在讯问中的角色定位》，载《湖南警察学院学报》2020 年第 3 期，第 28-29 页。

③ 潘庆娜、李锐炜：《异常行为规律在侦防盗窃案件中的应用》，载《湖南警察学院学报》2020 年第 2 期，第 5 页。

量权范围内加重处罚，将依法查封、扣押、冻结其财产，将在人流高峰期带其指认现场。① 四是利用客观后果施压，如告知相对人处罚会令其与家人分离等。

四、正确运用"机会提供型"诱惑取证

根据相对人是否本就具有实施违法行为的意图，可以将诱惑取证行为划分为"意图激起型"和"机会提供型"两类。在"意图激起型"诱惑取证中，如相对人本无违法意图，其实施违法行为完全基于行政机关的"引诱"，应全面禁止行政机关违法取证行动。在"机会提供型"诱惑取证中，如相对人已有违法意图，行政机关仅是为其提供了机会，使相对人的违法意图在适宜的取证时机外化成违法行为，故应当允许行政机关予以取证。要正确运用"机会提供型"诱惑取证，行政机关就必须能够证明，相对人本就存在违法意图，且行政机关的诱惑未超过必要限度。

其一，相对人是否本就存在违法意图。行政机关不应在无前期调查的情况下，对不特定对象搞"随机测试"，因为这既忽略了相对人的以往表现，又会干扰到公众的日常生活，严重侵犯每个公民内在精神不被干扰（精神自由）的权利。行政机关应当展开前期调查，且对象必须明确，收集到以下资料的，才能证明相对人本就存在违法意图：一是前科记录，即是否为累犯、惯犯及常业犯，是否有与被引诱的违法行为性质相类似的行为。二是线索传闻，即是否存在与违法事实相牵连的传闻线索。三是对引诱的态度，即是否对引诱行为的反应比较积极，甚至主动提议或招揽。四是其他表露相对人具有违法倾向的

① 《强力震慑！39名涉诈嫌疑人指认现场》，载扬子晚报网2020年12月6日，http://news.yangtse.com/zncontent/1025420.html，最后访问时间2021年3月12日。

情形。①

其二，行政机关的引诱是否超过必要限度。行政机关的引诱行为必须符合“无辜市民”的一般逻辑，届时相对人仍“上钩”的，才能更加确定其本已存在违法意图。若行政机关提供普通人均无法抵挡的“致命诱惑”，则普天之下皆可成为违法者。此时行政机关的引诱行为，必然因超过必要限度而丧失合法性。这些“致命诱惑”包括：长时间一再引诱，致使相对人的意愿发生扭曲；利用人的善良天性，如同情心、昔日友情、家庭信赖关系，对相对人进行劝说甚至乞求；以高额金钱、物质利益为诱饵，对相对人进行强力诱惑；利用人的应激反应，对相对人进行压迫或催促。②

五、以有效的说服教育替代欺诈（欺骗）

说服教育是我们党夺取胜利、巩固政权的制胜法宝和有力武器，《法治政府建设实施纲要（2021—2025 年）》要求广泛运用说服教育、劝导示范等非强制性执法手段，足以体现说服教育的强大生命力。在查办“孙小果案”和“葛七宝案”中，面对嫌疑人油盐不进的对抗情绪，办案人员并未采取欺诈（欺骗），而是将心比心地进行说服教育。通过让孙小果联想到若是他自己的女儿遭受凌辱，唤起其对女性受害者的同情；通过和葛七宝一同观看国庆 70 周年大阅兵的方式，唤起其军人情结，使嫌疑人产生由衷的愧疚感和羞耻感，逐渐向办案人员交

① 吴亮：《行政调查中的诱惑取证研究》，中国政法大学出版社 2017 年版，第 96 页。

② 吴亮：《论行政诱惑取证中的政府引诱行为及其监督——以美国法的客观理论为借镜》，载《行政法学研究》2013 年第 3 期，第 120 页。

代罪行。①

说服教育的基础是建立双方的信任，具体包括以下五种方法：一是建立相似型信任。基于相似的喜好、经历、身份等因素，激发相对人的同理心，使其将眼前人归入同路人，逐步对执法人员敞开心扉。二是建立相处型信任。基于一段时间的相处，使双方发生情感投资而产生信任。三是建立亲缘型信任。研究表明，生物基于亲缘选择的繁衍本能，倾向于偏袒与自己基因相近、血缘相亲的个体或族群。② 因此，利用亲缘关系更容易建立信任。四是建立权威型信任。“人类有与生俱来的‘服从’（potential）潜力，他与社会影响力互动，才产生了服从。”③ 因此，可以向相对人展示权威性，利用人的慕强心态使其听从或服从。五是建立混合型信任，如通过宗族中的“头面人物”进行说服教育，是将亲缘型信任和权威型信任结合；通过社区领导和辖区民警进行说服教育，是将相处型信任与权威型信任结合。④

---

① 王万春、李健宁：《刑侦专家蒋彪：为攻破孙小果的防线，研究了他的成长史》，载澎湃新闻网，2020 年 9 月 11 日，https：//www. thepaper. cn/newsDetail_ forward_ 9129710。《“最牛村支书”看了国庆大阅兵后泪流满面：我要向人民谢罪》，载北晚新视觉网，2021 年 4 月 8 日，https：//www. takefoto. cn/viewnews-2459450. html，最后访问时间 2021 年 4 月 9 日。

② ［美］弗朗西斯·福山：《政治秩序的起源：从前人类时代到法国大革命》（第二版），毛俊杰译，广西师范大学出版社 2014 年版，第 34 页。

③ ［美］斯坦利·米尔格拉姆：《对权威的服从：一次逼近权力真相的心理学实验》，赵萍萍、王利群译，新华出版社 2013 年版，第 140 页。

④ 何贵初、甘泽华：《群体性事件的说服应对技巧》，中国人民公安大学出版社 2009 年版，第 114-119 页。

第八章　行政执法调查取证行为容错机制的探索

“疏堵结合、疏通为主”一直是本书规制非法取证行为的基本理念，虽然该理念已在“程序违法”“实体违法”“特定行为”三类非法取证行为的规制体系构建中展现，但仍需要一个整体性的制度构建，才能使执法人员不因非法取证行为规制而产生“前怕狼、后怕虎”的焦虑心态，以及不因非法取证行为规制工作的推进而发生“少做少错”“明哲保身”的回避式执法现象。为此，笔者将目光投向近年来行政管理领域的一项热点制度上——履职容错机制。

需要说明的是，笔者倡导在行政执法调查取证领域引入容错机制，并不是要将非法取证行为合法化，而是在纠正非法取证行为、排除非法证据的同时，对符合相关条件的执法人员减免责任追究，通过“减负”促成“尽职”。相关容错机制的构建，必须兼具双重目的，既要能够鼓励执法人员履职尽责，又要防止非法取证行为以容错机制为名逃避规制。这也决定了相关容错机制的构建过程必定是一个十分严谨甚至严苛的过程。有鉴于此，下文在梳理我国行政执法容错机制形成历程的基础上，尝试构建该机制在调查取证中的具体应用情形，以增加制度构建的严谨性与可操作性。

一、梳理：我国行政执法容错机制的形成历程

“容错”本是计算机领域的专业术语，是一种确保个别子系统出现故障时，整个系统仍能正常工作的技术设计，同时反映出系统整体对局部错误的承载能力。[①]“容错”概念被引入政治学、管理学、法学等领域后，逐步形成“宽容失败、容忍失误”的理念和制度。梳理我国近二十年来的政策法律文本，发现行政执法容错机制的形成和发展，大致经历了四个演化阶段，其中前三个演化阶段的“制度遗产”为行政执法容错机制的最终形成及当下发展注入了内生性动力。

（一）第一阶段：党员干部惩戒规范中的免责条款

20 世纪末至 21 世纪初，在世纪交替与改革开放的大背景下，国家出台相关惩戒规范，旨在永葆党员干部队伍的纯洁性和纪律性。这些惩戒规范中同时也设置了免责条款，确保宽严相济。例如，1999 年《公安机关人民警察执法过错责任追究规定》第二十三条、2003 年《中国共产党纪律处分条例》第二十一条和第二十三条、2005 年《公务员法》第五十五条均有规定，存在情节轻微危害不大、主动交代本人或同案人员情况、主动挽回损失或者有效阻止危害结果发生、有立功表现等情形的，从轻、减轻或免除处罚。这一时期，行政执法责任追究的免责条款，在地方立法中大规模出现。1998 年以后的十余年间，广东省、青海省、四川省、河北省、吉林省等纷纷出台地方性“行政执法责任追究规范”，其中规定的不予追究执法人员责任的情形包括：“法律修改”“法律冲突”“法律规定模糊”“出现新证据”“相对人过

① Israel Koren, C. Mani Krishna. Fault Tolerant Systems, USA, Morgan Kaufmann Publishers, 2007, pp. 1-2.

错”“技术鉴定错误”“责任人主动纠正违法执法行为及积极挽回损失”“有立功表现”“不可抗力”“执行上级命令”“探索性、试验性的执法创新”等。[①] 虽然此时尚未形成容错机制的概念构想和条文表述，但免责条款中蕴含的“宽容精神”“人的可塑性”“保护政治精英”等容错理念，[②] 为后续行政执法容错机制的诞生创造了条件。

（二）第二阶段：公职人员业务规范中的容错条款

随着改革开放的不断深入，诸多新问题新挑战涌现出来，情势变化快于规则完善。为减少广大公职人员因规则的滞后或不完善出现失误错误的概率，营造宽松的业务环境和作为空间，部分业务规范在制定时借鉴计算机领域中的“容错技术”思路，[③] 制定针对前瞻性、创造性业务的容错条款。例如，经济业务中，2006 年《深圳经济特区改革创新促进条例》第四十一条、2008 年《重庆市促进开放条例》第四十七条、2008 年《西安市改革创新促进条例》第二十五条、2013 年《上海市人民代表大会常务委员会关于促进改革创新的决定》规定，在改革创新、促进开放工作中出现错误失误，符合程序合法、未谋取私利、未恶意串通损害公共利益、尽到勤勉义务等条件的，可以减免有关人员的行政责任。又如公安业务中，2015 年《公安机关人民警察佩

---

① 参见《广东省行政执法责任制条例》（广东省第九届人民代表大会常务委员会公告第 61 号）第四十五条、《青海省行政执法过错责任追究办法》（青海省人民政府令 2000 年第 15 号）第八条、《山东省行政执法错案责任追究办法》（山东省人民政府令 2001 年第 120 号）第十五条、《四川省行政机关工作人员行政过错责任追究试行办法》（四川省人民政府令 2005 年第 193 号）第二十条、《河北省行政执法过错责任追究办法》（河北省人民政府令 2010 年第 13 号）第十三条、《吉林市行政执法过错责任追究办法》（吉林市人民政府令 2004 年第 160 号）第十一条等。

② 胡杰：《容错纠错机制的法理意蕴》，载《法学》2017 年第 3 期，第 166-168 页。

③ 李侠、黄一峰、刘丹阳：《警察执法容错机制及其构建》，载《中国人民公安大学学报（社会科学版）》2019 年第 4 期，第 44 页。

带使用枪支规范》第六条、2019年《公安机关维护民警执法权威工作规定》第十四条规定，因执法履职、使用枪支造成人员伤亡或财产损失，符合法定条件和程序的，民警不承担法律责任。容错机制开始在具体业务规范中生长，由此掀开各界讨论容错机制的序幕。[①]

（三）第三阶段：专门性履职容错规范

党的十八届三中全会作出全面深化改革的决定，更加呼吁冲破既有观念和利益的藩篱，中央适时提出“三个区分开来”[②]，使履职容错机制一度成为“明星概念”[③]。地方立法设专条专章规定容错机制，如2017年《安徽省促进战略性新兴产业集聚发展条例》提及“容错”的条文多达六处，2017年《山西省政府投资基金管理暂行办法》用一整个章节（第六章）规定“容错机制”。随后陕西、甘肃、新疆、湖南、江西等省（区）及下属市县，纷纷出台本地区的专门性“容错纠错办法”；地方的国资、工信、网信、盐业、防空等系统相继出台本系统的

① 王聃、李振忠、郭春孚、邓学志、晏扬：《容错机制，是改革还是折腾》，载《决策探讨（上半月）》2009年第1期，第48-53页。

② 2016年1月18日，习近平总书记在省部级主要领导干部学习贯彻党的十八届五中全会精神专题研讨班上提出“要把干部在推进改革中因缺乏经验、先行先试出现的失误和错误，同明知故犯的违纪违法行为区分开来；把上级尚无明确限制的探索性试验中的失误和错误，同上级明令禁止后依然我行我素的违纪违法行为区分开来；把为推动发展的无意过失，同为谋取私利的违纪违法行为区分开来”。

③ 梅立润：《全面深化改革情境的“容错机制”》，载《重庆社会科学》2016年第6期，第61-62页。

专门性容错规范。[①] 上述专门性容错规范，系统规定容错机制的定义、原则、适用、程序、保障等内容。虽然尚未形成全国统一的容错规范，但随着各地、各领域履职容错规范的出台，理论和实务界对履职容错机制有了通说性的界定，即容错机制指干部在开展前瞻性、创新性工作中出现错误或失误，未实现预期效果或造成损失，符合条件的，予以减免责任追究的干部激励机制。履职容错机制的独立性和重要性空前提高。

需要注意的是，上述三个阶段之间，并非替代关系，而是叠加关系。例如，2021 年 3 月，中央颁布的《中国共产党组织处理规定（试行）》第七条明确了容错免责的条件。从性质上看，该规定可被归入第一阶段就已出现的“党员干部惩戒规范”中。可见，第一阶段出现的“党员干部惩戒规范中的免责条款”仍在生长，同时第二阶段出现的“公职人员业务规范中的容错条款”与第三阶段出现的“专门性履职容错规范”亦未停止它们继续生长的脚步。最终使各阶段的容错规范形式均得以单独保留，不同形式的容错规范独立运行，形成我国当下三种规范形式并存的容错机制体系。

---

① 参见中共陕西省委《陕西省党政干部容错纠错办法（试行）》（2018）、中共甘肃省委《甘肃省鼓励改革创新干事创业容错纠错实施办法（试行）》（2019）、中共新疆区委《新疆维吾尔自治区干部容错纠错暂行办法》（2019）、中共湖南省委《关于建立容错纠错机制激励干部担当作为的办法（试行）》（2019）、中共江西省委《关于推行容错纠错机制的实施办法（试行）》（2019）、天津市工信委《天津市工业和信息化委关于激励干部担当作为创新竞进容错免责实施办法（试行）》（2018）、内蒙古自治区盐业公司纪委《关于实施容错纠错机制激励干部改革创新干事创业实施办法（试行）》（2019）、山东省国资委《国有企业领导人员履职行为容错免责清单》（2020）、内蒙古自治区人民防控办公室党组《建立容错纠错机制激励干部改革创新干事创业实施办法（试行）》（2020）、《天津市大数据管理中心容错免责澄清正名激励保护干部担当作为创新竞进实施办法》（2020）。

（四）第四阶段：行政执法容错机制的形成及新发展

履职容错机制的独立性和重要性空前提高，加速了该机制在行政执法领域的构建。2019 年发布的《国务院关于加强和规范事中事后监管的指导意见》（国发〔2019〕18 号），以国务院决定的方式，以“尽职免责办法”为载体，拉开了行政执法容错机制的建设序幕。该指导意见要求“加快完善各监管执法领域尽职免责办法，明确履职标准和评判界线，对严格依据法律法规履行监管职责、监管对象出现问题的，应结合动机态度、客观条件、程序方法、性质程度、后果影响以及挽回损失等情况进行综合分析，符合条件的要予以免责”，得到各领域各部门的积极响应。在中央层面，2021 年农业农村部《农业综合行政执法人员依法履职管理规定》第十条、国家市场监督管理总局《市场监督管理行政执法责任制规定》第十二条依次规定，在本领域行政执法改革创新等过程中，因缺乏经验、先行先试出现的失误，尚无明确限制的探索性试验中的失误，为推动发展的无意过失，应当依法予以纠正，减免追究行政执法责任。在地方层面，多地市场监管部门出台“行政执法尽职免责”地方性规范①，行政执法容错机制的构建日益体系化、精细化。

然而，当前行政执法容错机制仍存在局限。在横向上，容错机制的构建仍停留在市场监管执法领域，缺乏领域整合的构建意识及对其

① 参见《湖北省市场监督管理局关于印发〈湖北省市场监督管理行政执法履职尽责免责办法（试行）〉的通知》（鄂市监法〔2022〕44 号）、《湖南省市场监督管理局关于印发〈湖南省市场监督管理部门行政执法人员履职尽职免责办法（试行）〉的通知》（湘市监法〔2022〕99 号）、《佛山市市场监督管理局保障市场监管行政执法人员依法履职容错制度》（2019）、《娄底市市场监督管理局关于印发〈娄底市市场监督管理行政执法人员尽职免责制度（试行）〉的通知》（娄市监发〔2022〕122 号）。

他行政执法领域的观照。在纵向上，容错机制立足行政执法全流程、体现整体观，但专门涉及调查取证方面的规定不深入、不具体，不利于该机制在调查取证场景中的具体应用。可见，应当借助非法取证行为规制的研究契机，推动行政执法容错机制在调查取证中的具体应用，同时实现行政执法容错机制的新发展。

二、构建：行政执法容错机制在调查取证中的应用情形

构建行政执法调查取证容错机制，应服从两个“实际”，一是服从行政执法容错机制的发展实际，从该机制演化和发展的历程中，汲取有关思路和经验。二是服从行政执法调查取证的客观实际，特别是立足于《行政处罚法》明确非法证据排除后，各界对调查取证质量要求日渐严苛的现实背景。综上，下文尝试阐述构建行政执法容错机制在调查取证中的三类具体应用情形，以回应现实执法需求。

（一）突发事件容错

突发事件“是指突然发生，造成或者可能造成严重社会危害，需要采取应急处置措施予以应对的自然灾害、事故灾难、公共卫生事件和社会安全事件”。根据突发事件所呈现的引发突然性、瞬间聚众性、状态失衡性、情况复杂性等特征，以及近年来国家适时修改相关法律规范以应对突发事件处置中的新形势、新问题，引发各界对突发事件中执法取证瑕疵进行探讨。

例如，2021 年修改的《行政处罚法》第四十九条规定“发生重大传染病疫情等突发事件，为了控制、减轻和消除突发事件引起的社会危害，行政机关对违反突发事件应对措施的行为，依法快速、从重处罚”。行政机关为追求“依法快速、从重处罚”，是否会在调查取证时

采取“非常手段”呢？又是否会因为害怕失误而怠于执行《行政处罚法》赋予其在突发事件期间的职责规定呢？客观而言，在重大突发事件面前，执法人员背负着巨大的决策压力，留给其的反应时间、对事态的认知、可调动的资源十分有限。决策更多依靠的是个人的经验、素质和判断力。“如果在事后审查时都按照常态下理智人、法律人的思维去判断应急时所采取行为的正当与否是不公平的。”[①]

上述问题表明，在评价突发事件中执法人员的调查取证行为时，应构建相应的容错机制，在依法纠正非法取证行为的同时，对突发事件的趋势研判、效果评估、风险防控等要素进行充分评估，以作为减免非法取证行为人相关责任的判断依据。

（二）勤勉尽责容错

勤勉尽责容错，是指虽然执法人员在调查取证过程中出现了非法取证行为，但情节轻微、危害不大，且行为是其出于勤勉尽责的积极履职心态实施的，应当在依法纠正非法取证行为的同时，减免非法取证行为人的责任。[②] 对勤勉尽责执法人员的容错事由，旨在平衡执法实践中规范制度与现实需求之间的张力。

笔者通过长期调研发现，在当前行政执法所面临的社会问题日渐错综复杂的大背景下，除却少数具有“完整”取证手段和“强力”执法身份的行政机关（如公安、海关等）以外，绝大多数行政处罚的实施机关和执法人员都不同程度地面临着“取证难”的困境。例如，在

---

① 贾建平：《应急性警察权行使的原则与优化路径》，载《长白学刊》2019 年第 4 期，第 78 页。

② 屠振宇、陈一飞：《行政执法尽职免责机制的实施困境及其纾解》，载《中国市场监管研究》2022 年第 12 期，第 35 页。

查处普遍存在的保健品虚假宣传案件时，“正装+亮证”执法往往会无功而返，通过线人或者暗访反而效果更佳；又如，在查处高层楼宇违章搭建过程中，执法人员进入他人的私宅取证难上加难，强行进入或者从邻居家翻越反而更加直接；再如，在环保排污案件查处中，当事人不到场不配合是常态，执法机关苦于找不到见证人，只好偷拍偷录；甚至还有基层执法人员反馈，在一些上级督办的处罚案件取证中，尽管未达到刑事犯罪标准，但由于执法机关自身取证手段和技术有限，“走投无路”之际只好寻求公安机关采取“刑事强制+刑侦手段”的无奈之举。一些行政执法人员认为非法取证“事小”，处置督办案件不力的后果更为严重。上述现象说明，在《行政处罚法》实施后，许多行政执法部门一方面对非法证据排除充满担忧和迷茫，害怕“踩红线”引发终生追责；另一方面又必须提高行政处罚执法效能，以满足社会管理的需要和社会公众的期待。由此陷入了“前怕狼、后怕虎”的窘迫境地。

为突破上述困境，推动行政执法一线人员履职尽责，应综合考虑其所担负的工作任务强度、技术水平、认知能力等因素进行尽职免责认定。行政执法人员执法过错情节轻微、危害不大，且能够证明是出于勤勉尽责的心态实施非法取证行为的，可以按照干部管理权限对相关执法人员采取谈话提醒、批评教育、责令检查等纠正措施，但不进行或减免进行实质性处分。

（三）手段创新容错

手段创新容错，指在法律规范没有明令禁止的情况下，针对行政执法人员在调查取证中采取的创新性手段或做法，应当给予更大程度的宽容，保证这些创新性取证手段拥有相对宽松的生存空间，以落实

《法治政府建设实施纲要（2021—2025年）》中“创新行政执法方式”的要求。

例如，2021年《行政处罚法》第四十一条增添的电子监控设备取证的规定利用电子技术监控设备收集、固定违法事实的，应当确保电子技术监控设备符合标准、设置合理、标志明显，设置地点应当向社会公布。该规定为实践中利用道路街边的固定式监控探头实施“非现场执法”，提供法律依据。随着实践的发展，固定式监控探头由于灵活性及可移动性受限，已不能满足执法部门的取证需求，部分执法部门开始采用更为灵活的无人机进行取证。客观而言，法律规范并未明令禁止无人机参与行政执法调查取证，但无人机取证在实操过程中，却难以满足《行政处罚法》第四十一条“设置合理、标志明显，设置地点应当向社会公布”的要求。笔者认为，对于作为创新性方式的无人机取证，应当给予最大限度的宽容，执法人员在具体操作过程中应尽量符合《行政处罚法》第四十一条相关规定，如划定无人机取证区域并对外公示，公示用于取证的无人机的产品信息及质检合格证明，向社会征集在特定区域采取无人机取证的相关意见并召开听证会、论证会等。若实际操作过程中无法完全符合上述要求，也应在依法纠正的同时，减免相关人员责任。此外，对采用AI技术进行批评教育、笔录询问等创新性执法手段，亦应给予最大限度的宽容，推动行政执法方式的创新发展。

下篇：实证考察

第九章　非法取证行为规制与法治政府建设

一、法治政府建设事关非法取证行为规制的实施大环境

非法取证行为规制与政府法治化建设程度息息相关。一方面，行政执法是政府的基本职能之一，行政执法中非法取证现象的出现，表明政府在法治建设层面仍有进一步提升的空间，规制非法取证行为，离不开整个法治政府建设大环境的改善。另一方面，法治政府建设期待政府履职能力在法治轨道上实现全方位提升，非法取证行为规制得当有助于当地法治政府建设，规制成效会成为法治政府建设成效的一部分。随着《法治政府建设实施纲要（2021—2025 年）》的颁布，我国法治政府建设迈入新阶段，中央对行政执法工作体系建设提出新要求，各界对严格规范公正文明执法抱有新期待。站在法治政府建设的高度探讨非法取证行为规制，进一步掌握非法取证行为规制的大环境，尤为必要！而要切实了解一地的法治政府建设情况，则有赖于田野调查的研究方式。

二、调研对象及开展方式

（一）调研对象

为深入了解地方政府在法治建设中的热点、难点问题，掌握行政执法非法取证行为规制的背景性状况，笔者对 G 省 N 市 2023 年度法治

政府建设情况进行调研。G省N市系我国东部某沿海发达城市，经济发展水平和政府法治化水平均走在地区前列。2023年以来，该市在经济社会发展和政府法治化建设上均取得较大发展，但法治政府建设中的地域性、现实性问题也较为突出。笔者依据《G省市县法治政府建设示范创建指标体系（2023年）》（以下简称《调研指标》，见表9-1），对N市政府2023年度（2023年1月1日—2023年12月31日）推进法治政府建设各项工作的总体情况开展调研。本次调研着重查找实际不足和具体缺陷，反馈社会公众或市场主体反响较大的焦点、热点问题，为行政执法非法取证行为的规制研究提供背景性、支撑性材料。

表9-1 《调研指标》简版

一级指标	二级指标
1. 政府职能依法全面履行	1.1行政审批制度改革全面推行。1.2落实权责清单、负面清单制度并实行动态管理。1.3优化政府组织机构。1.4加强事中事后监管。1.5优化法治化营商环境。1.6创新社会治理，优化公共服务。1.7强化节能和生态环境保护
2. 依法行政制度体系完善	2.1完善参与地方政府规章制定机制。2.2提高制度建设公众参与度。2.3加强行政规范性文件制定和监督管理。2.4备案审查和清理机制健全
3. 重大行政决策科学民主合法	3.1依法决策机制健全。3.2公众参与。3.3专家论证、风险评估。3.4合法性审查。3.5集体讨论决定。3.6强化决策规范化建设
4. 行政执法严格、规范、公正、文明	4.1行政执法体制权责统一、权威高效。4.2全面推行行政执法公示制度。4.3全面推行执法全过程记录制度。4.4全面推行重大执法决定法制审核制度。4.5全面落实行政执法责任制。4.6健全行政执法人员管理制度，加强行政执法保障。4.7加强关系群众切身利益的重点领域执法

续表

一级指标	二级指标
5. 行政权力制约监督科学有效	5.1 自觉接受党内监督、人大监督、监察监督、民主监督、司法监督。5.2 加强行政监督和审计监督。5.3 完善社会监督和舆论监督机制。5.4 全面推进政务公开
6. 社会矛盾纠纷依法有效化解	6.1 健全依法化解纠纷机制。6.2 加强行政复议工作。6.3 加强法治宣传教育
7. 政府工作人员法治思维和依法行政能力全面提高	7.1 树立重视法治素养和法治能力用人导向。7.2 强化对政府工作人员的法治教育培训和考察
8. 法治政府建设组织领导落实到位	8.1 加强党对法治政府建设的领导。8.2 强化考核评价和督促落实
9. 附加项	9.1 加分项。9.2 减分项

（二）网络检索

根据调研对象所涉及的调研指标，开展针对性的网络检索，检索内容包括两个方面：其一，调研指标指向的法治建设工作是否有网络资料印证；其二，社会公众在网络上发表的关于调研对象的评价和意见。检索渠道包括：调研对象官方网站（如市政府官网，市政府下属区、县、局官网等）；可以反映调研对象推进法治政府建设工作状况的其他党政机关官方网站（如 N 市人大官网—立法网、N 市政务服务一体化平台、N 市行政立法和决策公开征求意见平台、最高人民法院裁判文书公开网等）；可以体现社会公众意见、建议的社会监督网络平台（如 N 市人民政府官网政民互动平台、N 市《电视问政》节目网站、人民网地方领导留言板等）；以及微博、微信等新媒体平台。本次评估共收集到涉及调研对象的网络检索信息 175 条。

（三）社会调查

社会调查主要通过问卷调查、人员访谈（座谈）和实地调查三种方式匿名进行。

其中，问卷调查针对行政执法中显性的、一般性的或能为社会公众感知的问题展开，调研对象系普通社会公众和行政相对人，以电子问卷和纸质问卷方式同步进行。笔者以海报、短信、邮件、现场邀约等方式发放问卷，并对反馈的有效样本进行数据分析。通过对各市社会公众和行政相对人开展的社会调查，共发放问卷 1300 份，回收有效样本 1038 份（见表 9-2）。

表 9-2　调查问卷发放及回收情况

	发放问卷数（份）	回收的有效问卷数（份）
A 区	100	87
B 区	100	76
C 区	100	85
D 区	100	72
E 区	100	81
F 区	100	77
G 区	100	74
H 县	100	86
I 县	100	87
G 县	100	83
K 县	100	70
L 县	100	84
M 县	100	76
共计	1300	1038

后期数据分析主要为计分和占比方式。其中，计分方式针对调查各

指标对应的访问问题均为封闭式的、满意度评价类的单项选择题，占比方式为排除满意度评价类的单选或多项选择题。各选项计分原则是：(1) 5级选项类："非常满意"100分，"比较满意"75分，"一般满意"50分，"不太满意"25分，"非常不满意"0分，"说不清/不了解"不予赋分；(2) 4级选项类："有效解决"100分，"较为少见"66分，"有所缓解"33分，"依然普遍存在"0分，"不予置评"不予赋分（见表9-3）。

表9-3 评级说明

评级	非常满意	比较满意	一般满意	不太满意	非常不满意
评分	(80-100)分	(60-80)分	(40-60)分	(20-40)分	(0-20)分

（四）材料核验

本次评估中，调研对象在其官网公布了开展法治建设工作的台账材料15份。笔者对这些台账材料进行了核验以确定其真实性、有效性以及与评估指标的关联对应性。

三、法治政府建设调研情况

法治政府建设事关非法取证行为规制的大环境，法治政府建设中具体指标的落实情况，与非法取证行为规制有着直接或间接的联系。总体而言，多年来N市大力推进法治政府建设，社会治理法治化水平不断提升，公众满意度较好。调研显示，2023年度N市推进法治政府建设工作的成效集中体现在：行政审批服务"马上办、网上办、就近办、一次办、自助办"，落实权责清单，完善信用监管，优化法治化营商环境，优化公共服务及强化服务差评整改，行政规范性文件备案审查及清理，重点领域执法，行政执法数据公示，行政执法活动的合规性，创新警民互动方式，政务网站检索政府公开信息方便快捷，加强党对法治政府建设的领导，严格落实“谁执法谁普法”的普法责任制方面。不足之处体现在：行政事业性乱收费的投诉查处机制，重大行政决策、依申请公开政府信息答复率、随机抽查结果的公开，行政裁量基准制定，相对人在行政执法中所享有权利的普法工作及行政执法投诉举报机制方面。

（一）落实较好之处

加大简政放权力度，全面普及行政审批服务“马上办、网上办、就近办、一次办、自助办”，行政审批事项在法定期限内完成并不断压缩办理时限（对应《调研指标》1.1）。就办理行政审批业务对相对人进行问卷调查，结果：93.1%的受访者表示，基本能够做到一次性告知；82.7%的受访者表示，能通过电话咨询、网上搜索等方式，快捷且准确地了解到需要的材料；86.21%的受访者表示，相关部门做到了“马上办理，无超过法定办理期限或无故拖延的情况”。行政审批服务“马上办”推行效果较好。①

全面落实权责清单制度（对应《调研指标》1.2）。编制并对外公布2023年市、县、乡三级权责清单规范化通用目录，逐一明确法律依据、实施主体、责任方式等，实现同一事项的规范统一，并根据法律法规的变化实行动态调整。从该权责清单可以看出，对外行政职权涉及35项行政许可、202项行政处罚、8项行政确认、15项行政强制、19项行政检查、2项行政奖励、11项其他行政权力。

加强信用监管，建立健全信用修复、异议处理等机制（对应《调研指标》1.6）。市政府在其官网开设了“信用体系建设”专栏；适时

---

① 这一段实际上是对两种情形进行评价：第一，调研对象在区县的下级部门开展行政审批工作情况；第二，相对集中于行政审批局的审批事项仍然需要调研对象予以配合完成。

调整并公布“信用体系建设工作领导小组及其办公室成员单位”；同时根据失信约束措施清理规范工作的要求，废止大型群众性活动安全管理、道路交通管理、扬尘污染治理等领域的“红黑名单”制度，大力完善信用体系建设。

不断优化法治化营商环境（对应《调研指标》1.5）。适时调整深化“放管服”改革，优化营商环境工作领导小组及其办公室成员单位，推进《涉企经营许可事项改革清单》落实到位。

优化公共服务，公开政务服务评价信息，强化服务差评整改（对应《调研指标》5.1）。在面向行政相对人的问卷调查中，尚未有受访者对政务服务的差评并得到政务服务部门的回访；受访者对开展行政执法行为的整体公正性满意度，以及对办理业务部门工作人员的整体评价，均在“非常满意”和“比较满意”之间。同时，对上一年度 G 省社会评价中期评议、意见、建议中涉及本部门的 5 条建设性意见，做到全面整改。值得注意的是，上述意见主要集中于交通管理领域，N 市依托云技术推出“可视化导航”服务，对市区现有交通路况视频进行直播，让市民可以在手机上随时查看摄像头所监控到的实时车流路况，极大地回应了市民需求。

行政规范性文件备案审查及清理工作持续发力（对应《调研指标》2.3）。相关部门官网开设“规范性文件”专栏，将所出台规范性文件的名称、发文字号、发布日期及效力状态向社会公布。仅 2023 年度，依据上位法动态变化、上级政府要求及 N 市实际需要，出台的行政规范性文件就达到 30 多份。

关系群众切身利益的重点领域执法有力，违法行为得到及时查处（对应《调研指标》4.7）。在食品药品、公共卫生、自然资源、生态环境、安全生产、劳动保障、城市管理、交通运输、公安交管、教育培训等关系群众切身利益的重点领域，满意度平均分为 77.25 分，各领域得分均超过 60 分的及格线（见图 9-1）。

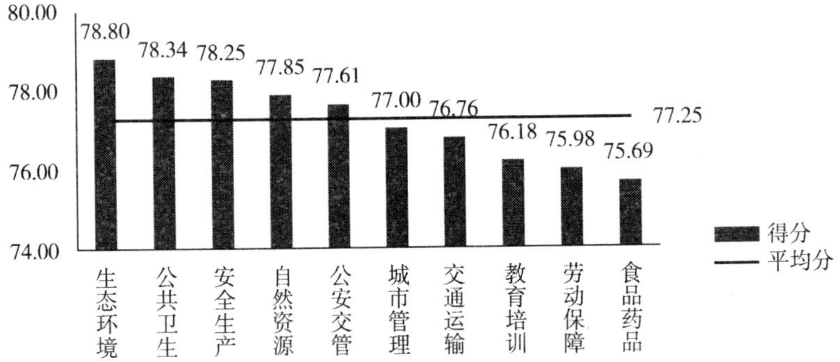

图 9-1　重点领域群众满意度评价得分情况

全面推行行政执法公示制度，公开执法数据（对应《调研指标》5.4）。主动公布 2023 年度行政执法数据，以不同内容的行政行为相区分，以表格及数据方式展现，做到公开信息简明扼要、通俗易懂，便于社会公众查阅和监督。

行政执法活动基本符合规范（对应《调研指标》4）。在面向行政相对人的问卷调查中，当被问及执法人员是否存在“没有主动出示执法证件”“没有出具执法文书”“没有主动告知相对人执法的事由”“没有主动告知相对人执法的依据”“没有主动告知相对人权利义务”“没有告知异议救济渠道”时，82.8%的受访者表示“不存在上述情况”。其余受访者表示，对相关情况不了解。

创新警民互动方式，自觉接受舆论监督（对应《调研指标》5.3）。该市填报的《政府网站工作年度报表（2023 年度）》显示，2023 年度共发布信息 1936 条，回应公众关注热点 82 次，对 1180 条网上留言全部办结。通过微博“市政在线”发布信息 2410 条，获得 28 万关注量；通过微信公众号“市民服务”发布信息 2318 条，获得 876612 订阅量。

实行政务公开清单管理制度并动态更新，政务网站检索政府公开信息方便快捷（对应《调研指标》5.4）。市政府在其官网“政府信息公开”专栏设置了机构职能及负责人信息、财政信息、规范性文件、法治政府建设及权责清单等多个栏目，对各项法定主动公开内容进行了展示。各项信息分类明确，政务网站检索政府公开信息方便快捷。

加强党对法治政府建设的领导（对应《调研指标》8.1）。市政府依照相关要求，向中共N市委员会全面依法治市委员会作《2022年法治政府建设工作报告》。报告总结上一年度本市推进法治政府建设的相关情况，并提出2023年法治政府建设计划。

严格落实“谁执法谁普法”的普法责任制（对应《调研指标》6.3）。出台《N市政府各部门“谁执法谁普法”任务措施清单》，明确各机关部门及其下属部门的普法任务，责任落实到具体民警，并对外公布联系电话加强监督。在面向行政相对人的问卷调查中，92%的受访者表示，市政府及相关执法部门在“解释执法活动涉及的法律法规”以及“以案释法”方面表现良好。

（二）有待完善之处

全面实施行政事业性收费和政府性基金清单制度，清理涉企收费，但乱收费投诉查处机制有待进一步建立（对应《调研指标》5.2）。市政府在其官网公布《N市出入境证件收费标准（2023年）》《N市养犬管理服务费收费公示（2023年）》，明确收费项目、标准及依据。在面向行政相对人的问卷调查中，96.6%的受访者表示，未遇到不说明收费依据而乱收费的现象。但尚未发现乱收费投诉查处机制，结合尚无受访者对乱收费问题进行投诉的问卷调查结果，让人对乱收费举报投诉渠道是否阻塞，产生疑虑。

重大行政决策的相关信息和数据有待进一步公开（对应《调研指

标》5.4)。实行重大行政决策公开制度，系法治政府建设的一项重要指标。但本次调研中，仅发现在《2022 年法治政府建设工作》中提及重大决策论证及讨论，尚未发现其在官网公布重大行政决策目录，也未发现重大行政决策具体事项的新闻要闻，公众要通过官方网站自行查阅重大行政决策事项及其依据、结果存在一定困难。

在推行“双随机、一公开”监管上持续发力，但尚有提升空间(对应《调研指标》4.4)。在市政府官网公布《随机抽查事项清单(2023 年)》，明确抽查项目、方式、主体、内容及依据。但在本次评估中，尚未发现公示抽检结果的情况，表明执法公开工作仍有进一步提升空间。

在制定行政裁量基准方面持续发力，但尚有提升空间(对应《调研指标》4.1)。市政府在其官网的规范性文件专栏，公布《关于执行〈N 市停车场管理条例〉行政裁量权基准的通告》。需要指出的是，依据 G 省《关于做好建立完善行政裁量权基准制度工作的通知》，N 市应在 2022 年 12 月 12 日前，完成建立《N 市道路交通安全条例》《N 市烟花爆竹经营燃放管理规定》《N 市电动自行车管理条例》的行政裁量权基准制度，并做好向社会公布和报送备案工作。但直至本次调研结束，仍未发现《N 市出租汽车客运管理条例》《N 市电动自行车管理条例》等裁量权基准公示。

在全面、严格落实告知制度，依法保障行政相对人合法权益方面，仍有提升空间(对应《调研指标》6.1)。在面向行政相对人的问卷调查中，65.5%的受访者表示，其在接触的行政执法过程中，执法人员未出现“没有耐心地听取当事人的陈述”“没有告知当事人享有申请听证的权利”“没有认真地对待当事人提交的证据”等情况。但仍有 34.5%的受访者表示，对行政执法及相对人所享有权利的相关情况不了解。

在建立行政执法投诉举报机制方面，仍有提升空间（对应《调研指标》5.3）。在面向行政相对人的问卷调查中，55.2%的受访者表示，在其接触的行政执法活动中，未出现“没有明确告知投诉举报违法行政执法行为的渠道”“没有对举报的违法行政执法行为及时地进行查处”“没有将查处的结果及时向您反馈”。但仍有38%受访者表示，对相关情况不了解。

积极推进依申请公开政府信息工作，但对依申请公开政府信息的答复率，有待进一步公开（对应《调研指标》5.4）。市政府公布《政府信息依申请公开指南（2023年）》《依申请公开政府信息联系方式一览表（2023年）》，明确申请公开的流程、需要提交的相关材料及被申请单位的联系方式。但本次评估中，尚未收集到依申请公开信息答复率的数据。

四、提升法治政府建设质量　优化行政执法实施环境

通过本次调研发现，一个地方的法治政府建设情况，直接影响当地行政执法工作水平，特别是当“双随机、一公开”，全面严格落实告知制度，全面落实行政执法“三项制度”落实不到位时，更容易滋生非法取证行为。结合本次调研情况，应在后续法治政府建设过程中，以点带面地对以下工作予以重视：

第一，完善“双随机、一公开”监管机制。在法治政府建设过程中，各地积极出台《随机抽查事项清单》，保障监督工作的法治化和规范化。应在该清单的基础上，加大对随机抽检结果的公开力度，鼓励制定随机抽查结果清单，并向社会公布。法谚有云，“阳光是最好的消毒剂”，将执法内容和相关流程暴露在社会舆论的目光下，有利于倒逼行政执法机关依法依规采取调查取证措施，降低非法取证的发生概率。

第二，推进行政裁量基准制定工作。2022年年底，国务院办公厅

出台《关于进一步规范行政裁量权基准制定和管理工作的意见》（国办发〔2022〕27号），要求“到2023年年底前，行政裁量权基准制度普遍建立，基本实现行政裁量标准制度化、行为规范化、管理科学化”。各省纷纷出台本省“完善行政裁量权基准制度工作的通知”。相关重点执法领域，特别是公安交管、市场监管、消防等部门之间应加强沟通合作，尽快制定并公布地方性、行业性的裁量权基准。行政裁量基准系严格公正文明执法的题中应有之义，也与本书第五章建立非法取证行为裁量基准的理念遥相呼应。

第三，加大对行政相对人在行政执法中所享有权利的普法力度，完善行政执法投诉举报机制。让行政相对人与执法者一道，共同推进行政执法活动的规范化和法治化，从源头上消解非法阻证行为的发证诱因。

第四，加大重大行政决策和依申请公开政府信息答复率的公开力度。一方面，制定和公布重大行政决策目录，明确重大行政决策事项及依据，加大重大行政决策民众参与及结果的宣传力度；另一方面，依法申请公开信息答复率的数据，作为展现法治政府建设成效的依据。法治政府的核心要义之一是信用政府，加大相关政务信息的公开力度，有助于提高政府公信力，进而提升市民对政府的满意度，为政府提升执法能力、规制非法取证行为创造良性的社会舆论环境。

第十章 非法取证行为规制与行政执法内部监督

一、行政执法内部监督体现非法取证行为规制的“内部视角”

行政执法内部监督，是指除社会团体、政党、公民等主体外，行政机关特别是行政执法机关对自身行政执法活动进行的合法性和合理性监督，对不合理或不合法的行为采取必要措施加以纠正。行政执法内部监督体现了国家对行政执法机关非法取证行为规制的“内部视角”。

2023年国务院办公厅印发的《提升行政执法质量三年行动计划（2023—2025年）》，提出“加快构建行政执法协调监督工作体系”，并在完善行政执法监督制度、健全行政执法监督机制及创新行政执法监督方式等方面作出重要部署。在行政执法内部监督体系中，监督行政机关及其工作人员是否严格按照法定权限、严格遵守法律程序开展执法工作，特别是有无非法取证的行为或现象是一项极为重要的工作。行政执法内部监督体系从执法主体的内部视角出发，审视自身行使权力的合法合规性，为非法取证行为规制提供了一个可供考察的“内部视角”。挖掘现实场景中行政执法内部监督实施情况，有利于通过行政机关的自我约束，实现非法取证行为规制。

二、调查研究方式及开展情况

为了深入了解行政执法内部监督工作的实施情况，笔者对 G 省 N 市 A 区 2023 年度街道综合行政执法内部监督情况开展了调查研究。G 省 N 市系我国东部某沿海发达城市，A 区系 N 市的中心城区，三分之二以上的市直、省直机关均坐落于该区，其经济发展水平和政府法治化水平均走在该地区前列。近年来，A 区执法权下沉街道工作取得突出成效，但也引发了部分执法权在新的权力层级架构中的行使失范现象，行政执法内部监督与执法行为失范之间呈现拉锯态势。因此，笔者认为以 A 区街道综合行政执法为对象研究内部监督问题十分恰当。

行政执法内部监督涉及行政机关内部工作事务，通过网络和社会调查可获得的信息有限。笔者主要采取实地调研的方式，通过访谈(座谈)，甚至跟随行政机关实地开展监督工作，了解行政执法内部监督中隐性的、内部性的或仅为执法单位或执法人员知晓的相关信息。截至 2023 年 12 月 31 日，开展单独访谈 35 人次，集体座谈 9 场，共涉及 28 家单位。此外，笔者还开展了实地调查，主要为前往行政执法单位及执法一线现场，对具体问题线索进行现场核实。

三、行政执法内部监督推进情况

(一) 推进行政执法协调监督队伍建设

2022 年年初，A 区司法局增设普法和依法治理科，增设科级领导职数 1 名，法治科更名为法治督察科，不再挂普法和依法治理科牌子。法治督察科主要职责调整为：负责全面依法治区决策部署和政策措施的督促检查工作；负责区委全面依法治区委员会办公室日常工作；负责全面依法治区重大问题的政策研究，提出全面依法治区中长期规划建议。2023 年 1 月，经 A 区区委会研究，设置区委全面依法治区委员会秘书科，在区司法局内设机构法治督察科，负责处理区委全面依法治区委员会办公室日常事务。实践证明，内部监督机构的设立及规范化运行，为非法取证行为规制提供了组织和人员方面的重要保障。

（二）开展执法培训、组织执法考试

为增强执法队伍本领，提升执法实效，A 区多措并举提升街道行政执法综合能力。通过增强执法能力，使执法人员主观上实施非法取证的意愿，以及客观上因对法律流程掌握不佳而实施非法取证的现象大大减少。

其一，进行通识辅导，增强执法队伍法律素养。A 区通过整合现有资源，积极开展专题培训班，深入学习习近平法治思想，加强作风建设和能力培训，不断提升街道综合执法人员业务素质。例如，2023 年开展分层分类精准化培训 3 场，其中组织全区行政执法单位和街道综合执法中心参加“学习贯彻习近平法治思想暨强化行政执法能力建设专题培训班”1 次，联合区法院开展物业管理专题培训 1 次，邀请专业律师开展“查控违”专题培训 1 次。同时，组织 A 区街道综合执法中心业务骨干赴井冈山参加街道综合行政执法作风建设和能力提升骨干培训班，学习其他地区优秀经验，促进本区综合执法人员素质的整体提高。

其二，编纂指导书籍，打造行政执法帮手。为给街道综合行政执法人员提供方法论指导，A 区率先编制出图文并茂的指导书籍并取得了良好的社会效果。针对 54 项高频多发、疑难事项编制成《街道综合行政执法高频多发、疑难赋权事项案例库》；针对行政复议和行政诉讼案件中街道综合执法中心可能存在的违规执法问题，高频、典型、易错的执法事项等内容进行分析研判，分类分主题编纂《行政执法口袋宝典》。充分发挥了优秀案例的指导示范作用，为街道综合行政执法工作提供了积极有益的指导。

其三，协调各赋权部门开展培训。A 区司法局协调八家赋权部门共开展 48 次培训，其中水务局印发《赋权街道手册》和《巡查履职手册》，区卫健局编印《A 区街道赋权事项承接运行汇编》等书籍对赋权事项进行系统指导。

其四，组织行政执法资格考试。行政执法资格考试是全面落实以学促考、以考促用法治工作要求的具体表现，是检验行政执法人员业务能力和专业素质的重要方法，有利于规范行政执法人员执法行为，提高行政执法队伍的整体素质。为持续优化法治化营商环境，深入推进法治政府建设，严格落实行政执法人员持证上岗和资格管理制度，强化基层执法力量，区司法局积极组织全区各执法单位开展行政执法人员资格考试。2023 年 5 月 19 日，A 区组织开展 2023 年执法人员资格考试，应参考人员 100 名，实际考试人员 94 名，及格人员 84 名，整体通过率 89.36%，进一步加强了基层行政执法能力，为全区法治建设工作以及街道综合执法工作打下了良好基础。

（三）监督行政执法行为

其一，明晰裁量权边界。为建立健全行政裁量权基本制度，规范行政裁量权，促进街道综合行政执法人员依法科学行使权力，保护市场主体和人民群众的合法权益，A 区制发了《关于进一步做好 A 区行政裁量权基准制定和管理的工作方案》，督促全区各部门对上级行政机关制定的行政裁量权基准使用的标准、条件、种类、幅度、方式和时效予以合理细化和量化，确保行政机关在具体行政执法过程中行政裁量权边界明晰，在调查取证中不发生滥用职权的现象。

其二，开展“三项制度”专项抽查。开展行政执法“三项制度”

专项抽查，着重检查建立健全工作制度、统一执法文书程序、统一服装标志、统一执法平台、简易程序文书、法制审核等六大方面内容，共发现29项突出问题，并开具15份问题督办单，对存在的问题进行了清单式、条目化梳理，同时，明确了每一个问题的整改时限，做到时限清、任务清、责任清。督促各执法部门自查自纠，强化执法薄弱环节。同时，通过调研、走访、暗访等多种方式拓宽行政执法监督渠道，及时发现问题线索，对程序违法、执法不到位等问题立案调查，2023年立案4件，其中移送纪委2件，拟立案调查3件，倒逼各执法单位执法行为规范化，有力推进了严格公正文明执法。

其三，开展案卷评查工作。行政执法案卷评查是开展行政执法监督的重要方式，也是落实法治政府层级监督的重要举措。为落实法治政府建设，加强对行政执法机关的监督，A区积极开展案卷评查工作。严格对照《G省行政处罚案卷评查标准》《G省行政强制措施案卷评查标准》《G省行政强制执行案卷评查标准》等相关规范及标准，通过案卷自查、交叉评查、专项评查等多种形式对街道执法案卷采取“集中评阅，件件评查，项项评审”的方式，从处罚主体明确性、执法程序合法性、适用法律法规正确性、违法事实证据确凿性、适用裁量基准准确性、案卷材料完整性、文书格式规范性等多方面开展案卷评查。2023年A区组织开展了2次案卷评查工作，抽取全区80卷涉企案卷和89卷行政执法案卷进行了详细评查打分，进一步堵塞执法管理漏洞，落实对执法工作的监督。

四、行政执法内部监督存在的主要问题

（一）监督主体力量薄弱

笔者通过调研发现，A区行政执法监督工作存在人员紧缺、专业

不强、能力不足等问题。行政执法监督依赖于监督人员的法治素养和办事能力，行政执法监督人员的个人素质和能力对行政执法个案的效果影响深远。实际工作中，因监督人员政治素养不高、法治意识淡薄、专业水平差等，致使开展监督工作的基础不扎实，严重影响了监督效果。

此外，各街道对于法治的重视程度参差不齐，重经济发展，轻法治的现象仍然存在。在基层政府中，经济部门作为实务部门，而行使监督权的司法行政部门，并不具备绝对的话语权，容易受到被监督对象和其他部门或上级部门的干扰和影响，存在“打招呼”“递纸条”的问题，这是造成执法监督力量薄弱的根源。在实际工作开展中，监督部门与被监督对象属于同级，监督部门只是代同级政府行使监督权力，从级别上并不占有指导、监督工作的优势，与被监督执法部门不存在领导与被领导的直接隶属关系，无法直接对相关行政执法人员进行处分，不能责令相关行政机关作出警告、记过、记大过、降级、撤职和开除等政务处分决定。监督主体力量的薄弱，不利于行政执法调查取证环节的监督，削减了非法取证行为的规制效果。

（二）监督手段有待加强

行政执法监督的对象是行政执法机关，对街道综合行政执法的内部监督是用权力来限制权力，故需要强有力的监督手段。然而，在现实中，监督主体缺乏强有力的约束性措施来开展监督工作和问责工作。就问题发现方面，即便行政机关实施非法取证行为，如果执法主体和工作人员不愿意配合，即使监督主体可以采取执法检查、案卷评查和监督调查等手段和措施，监督工作仍难以向更深层次推进。

关于责任追究，行政执法监督的问责方式比监察机关的问责方法更为温和。在行政执法机构中，通常通过内部问责来追究责任。行政主体通常被责令改正或限期整改、通报批评、取消评比先进资格等；对执法人员通常采用批评教育、书面检查、通报批评、离岗培训、调离执法岗位等方式；而监察机关有权根据《公务员法》《监察法》对其监察过程中发现的问题作出警告、记过、记大过、降级、撤职、开除等处理。因此，实践中普遍认为，A区街道行政执法监督执法的问责方式不够严格，特别是对非法取证行为的查处和惩戒力度不足。

（三）监督内容有待完善

行政执法的事前、事中监督薄弱。原则上，事前、事中、事后监督应贯穿街道综合行政执法机构监督的全过程，对执法过程的全链条监督是遏制非法取证发生的有效手段。事前监督主要包括行政执法依据的前置审查、公开执法依据、规章及规范性文件备案和合法性审查等制度的实施；事中监督主要是通过对行政执法程序的规范和执法自由裁量权的明确等机制实现的，不直接介入执法工作人员的执法活动；事后监督主要是通过执法案卷的审查和执法评议考核制度实现的，包括具有救济性质的行政复议。但在实践中，事后监督在整个行政执法监督中所占的比例显然超过了事前监督和事中监督。街道综合行政执法机构对具体执法行为开展的监督工作主要集中在事后监督的现状，导致了监督往往强“惩治”、弱“规制”，这无疑削弱了对非法取证行为的预防作用，弱化了监督的效果。

五、提升行政执法监督能力　降低非法取证发生率

通过调研发现，行政执法内部监督系非法取证行为规制的一道有力屏障，地方在推进行政执法内部监督工作过程中，客观上降低了非法取证的发生率，推进行政执法协调监督队伍建设、组织执法培训和考试、多重渠道开展执法监督工作均系阻却非法取证行为发生的有力

手段。同时，行政执法内部监督中存在的监督主体薄弱，手段、内容上的缺陷仍不容小觑，应不断完善行政执法内部监督机制，促进严格、公正、文明执法，将非法取证的发生概率降至最低。

（一）增强执法监督主体力量

其一，提升综合行政执法监督人员法治素养。行政监督人员的优良素质和对法治理念的秉承，保证了执法监督工作在法定范围内的实施和运行，进而保障了行政执法工作的合法有效进行。提升行政执法监督人员法治素养，就是要将解决能力短板、经验盲区与资源缺乏、标准不一、各自为战等问题一体推进。一方面，在行政执法监督人员准入机制中，尽可能地增加法律资格审查权重，保证行政执法监督人员具有最基本的法律素养和法治观念，具备一定的专业知识，适应行政机关执法监督工作的具体要求。另一方面，要对执法者权力观进行肃正。执法者代表的应该是公共利益，而不是个人私利，执法者为了个人私利而不愿意放弃部分领域的执法权，会导致包括非法取证行为在内的种种“乱作为”执法现象发生，侵害行政相对人合法权益。执法者和执法监督者都要树立正确的权力观，警惕精神懈怠、能力不足、脱离群众、消极腐败四种风险。

其二，充实行政执法监督工作机构和队伍的建设。监督主体能力强弱与行政执法监督工作开展得好坏密切相关。针对街道行政执法监督工作人员紧缺、专业不强、能力不足等问题，可以从以下三个方面着手应对：一是授权某些行政执法监督机构。执法监督机关开展执法监督工作来源于政府和执法机关的授权，但存在授权不清、不细、不充分等问题。为了长期开展行政执法监督工作，提高效率，建议使用重要性级别作为分类标准，赋予行政监督工作机构独立处理除重要事项和重要处理决定以外的一般事项权力，并以清单形式尽可能细化，切实解决基层执法非法取证“看得见却管不了”的现象。二是大力加强行政执法监督队伍建设。通过整合内部资源，配置执法监督人员，加强基层执法监督队伍建设，明确专职执法监察人员的人数配置，适当增加执法监督机构工作人员的数量，确保监督任务与监督能力相匹配。三是协调社会力量参与行政执法监督。该做法已在全国其他地区得到推行，如《江西省行政执法监督实施办法》第七条规定，县级以上人民政府可以聘请执法监督员；《云南省行政执法监督条例》第七条规定，县级以上人民政府可以根据需要聘请社会各界人士担任特邀法制督察；内蒙古实行行政执法义务监督员制度，2017 年共有 9000 多个行政执法义务监督员入选。另外，还可以建立行政决策和论证专家数据库。对于需要较强技术和专业的决策问题，应组织专家和专业机构进行论证。专家的挑选应注重专业性、代表性和平衡性，支持其独立工作，并逐步落实专家信息和论证意见的公开。通过增强行政执法监督队伍建设，实现非法取证行为的“早发现、早治疗”。

（二）优化行政执法监督手段

其一，优化考核评价制度。监督效能的考核指标不健全，导致监督欠缺标准和尺度，使得监督主体怠于行使职权，造成监督空置。因此，亟须设定统一的评估理念和评估准则，并设计出科学、公开的行政绩效考核评估办法，并将非法取证行为规制作为考核的一项重要指标。在考核评估过程中，充分引入社会第三方进行考核，并将执法效果的各项指标向社会公布，保证考核过程与结果的公平公开。

其二，优化责任追究制度。“权”“职”“责”应一一对应，职能的发挥必须有相应的权力行使作为基础，不然就是一纸空谈；只有对不当行使权力的后果予以明确，追究不作为、乱作为的责任，才能倒逼权力依法履行。从严对行政执法证件的动态管理，在每年行政执法资格考试、证件颁发和换取工作时，可以将有执法瑕疵特别是实施非法取证行为造成严重社会影响的人员列入诚信清单，超过一定次数时作出取消考试资格、拒绝相关从业等处理。加强对执法人员违法犯罪的惩处，对于在行政执法监督中发现的执法人员有谋取私利、收受贿赂、贪赃枉法、非法取证等行为的，应该畅通第一时间移交司法机关的渠道，不能用政务处分代替对违法犯罪司法责任的追究，并对相关部门作出给予纪律处分、党内处分的建议。

（三）充实行政执法监督内容

其一，强化事前、事中监督。事后监督是最容易实现的一种方式，包括审计监督的专门监督，都是从执法行为发生后的时间阶段介入，对已然执法事实进行监管检查，但是事后监督的方式重在惩戒，并不能从全链条、全流程上实现非法取证行为的有效规制，因此必须建立起事前、事中监督的规范机制。可以引入行政执法事前评价、事中评价的制度，对同类事件进行执法路径设想，行政执法结果预告，对执法结果偏差比较大的行政执法活动予以重点监督。备案制度是事前监督的重要手段，要完善重大执法行为备案制度，引入听证程序，对认定为影响重大的行政处罚、行政许可、行政强制、行政征收征用进行高标准备案，未经备案的，不得作出该执法决定。按照目前已出台的重大行政执法决定法制备案审核相关文件来看，法制备案审核机构的权力主要是审查行政执法机关自行编制的重大执法决定清单，在此基础上，应引入清单审核机制，对该列入清单而未列入清单的行政执法单位启动问责机制。

其二，建立行政裁量权合理性评估制度。对执法场所、执法程序、执法公示进行全方位标准化设计，分类别建立行政裁量基准制度性文件，更加强调依法执行回避、公开、告知、听证、调查取证、说明理由、重大决定集体讨论、备案等程序制度，对法律、法规、规章中行政执法裁量权的适用条件、适用情形等予以贴近实际的细化、量化，形成更为具体的标准。从源头上完善对行政执法合理性予以监督的依据标准，监督比例原则应用情况，是否最大限度减少不合理行政执法给行政相对人带来的损害，减少监督成本。实践证明，当行政执法机关对相关案件享有充分的裁量权时，其因必须查处该类案件而“铤而走险”实施非法取证行为的意愿就会降低。

第十一章　非法取证行为规制与行政执法队伍法治人才培养

一、法治人才培养为非法取证行为规制提供有力保障

制度的实施关键在人，规制非法取证行为，除对行政执法体制机制进行优化改良外，更需要提升行政执法队伍特别是一线人员的法治素养。2023 年，国务院办公厅印发《提升行政执法质量三年行动计划（2023—2025 年）》，要求全面提升行政执法人员能力素质，从政治能力、业务能力、全方位管理方面提出具体要求。如何提升行政执法队伍法治人才的培养能力，进而实现“规制制度优化”与“人才队伍优化”的双向互动，成为非法取证行为规制研究中极具实操性的重要课题，深入研究行政执法队伍法治人才培养，对非法取证行为规制研究具有重要的促进意义。为了深入了解行政执法队伍法治人才在培养和建设中存在的重点、难点及热点问题，促进非法取证行为规制在执法人员层面取得成效，笔者对 G 省 N 市 2023 年度（2023 年 1 月 1 日—2023 年 12 月 31 日）行政执法一线法治人才队伍培养情况开展调查研究。

二、调研对象及开展方式

G 省 N 市系我国东部某沿海发达城市，经济发展水平和政府法治化水平均走在地区前列。随着当地社会经济快速发展，法治人才队伍

培养中的前瞻性、前沿性问题开始显现，这为研究行政执法队伍法治素养的培养和法治水平的提升，提供了鲜活样本。

需要说明的是，本章的调研对象与第九章法治政府建设的调研对象相同，两章中的调研是同时进行的，只是在问题设置、数据采集及后期分析上各有侧重。在调研方式上，本章采取与第九章相同的网络检索、社会调查及材料核验三大方式，具体开展形式不再赘述。截至2023年12月31日，共收集到该地行政执法队伍法治人才相关的网络检索信息65条；发放社会调查问卷1300份，回收有效样本1038份，并对相关单位进行走访调研；收到相关单位提供的含有行政执法队伍信息的内部材料15份，已对这些材料的真实性、有效性及关联性进行了核验。

三、行政执法队伍法治人才概况

（一）范围

“行政执法队伍法治人才”包含两个要素：一是必须为行政执法一线人员，二是被纳入法治人才队伍中。以下分别讨论。

其一，行政执法一线人员的范围。成为行政执法一线人员的一个重要标志，系取得行政执法资格证。依据《G省行政执法证件管理办法》，行政执法证件的持证人，必须是行政执法机关依照职责分工，直接承担行政执法任务的在编人员。行政执法证件的持证人，必须是行政执法机关试用期满考核合格的聘用人员或受行政机关委托直接从事委托范围内行政执法工作的人员。因此，取得行政执法资格证的人员存在三类身份：公务员、事业编制人员、接受委托从事行政执法的组织中的聘用制人员。

通过进一步调研，笔者发现行政执法一线人员多来自G省N市内县（区）级以上的行政执法单位，以及被赋予行政执法权的乡镇政府、街道办事处；海关、税务、金融等垂直管理单位的边检、稽查等部门；法律、法规、规章授权从事行政管理事务组织中的执法部门；接受委托从事行政执法的组织等。

其二，纳入法治人才队伍的范围。在上述行政执法一线人员中，只要符合以下三个标准之一就可以被纳入法治人才队伍：一是具有法学（法律）教育背景，如获得法学（法律）学位。二是通过法律职业资格考试，取得法律职业资格证。三是具有行政执法工作经验，主要是在考取行政执法资格证的前提下从事行政执法工作达到一定年限，或参与过国家、省级督办的大案、要案等。

（二）现状

其一，人员构成现状。G 省 N 市行政执法队伍法治人才的构成呈现以下状况：（1）学历与专业。队伍中的大部分人员已具有本科以上学历。其中法学（法律）教育背景人员比例、研究生学历人员比例不断提高。同时，有相当一部分学历不高但经验丰富的老同志在贡献力量，也有非法学（法律）教育背景的同志增添了法治人才队伍的多样性。（2）职级与年龄。队伍中大部分人员的职级不超过正科长级或一级主任科员。队伍的年龄跨度较大，集中在 25-55 岁，其中 25-45 岁的男性执法人员是中坚力量。（3）身份与编制。队伍中大部分人员为公务员编制，其中行政执法类岗位人员占大多数，也有少数具备较高法治素养和相关技能的事业编制人员，以及接受委托从事行政执法的组织中的聘用制人员被纳入队伍中。

其二，队伍管理现状。G 省 N 市行政执法队伍法治人才的管理主要有以下环节（如图 11-1 所示）：（1）招录。招录的主要方式仍是公务员考试，特别是公务员考试中行政执法类岗位的设置，以及法学

（法律）专业背景的报考要求。此外，当前事业单位编制考试中，也在不断增设要求法学（法律）专业的岗位；接受委托从事行政执法的组织在招录聘用制人员时，对法学（法律）教育背景的要求也越来越高。（2）持证上岗。主要包括两种证件：一是行政执法资格证。依据中央部委及各省的行政执法资格的相关规定，只有获得该证才能享有充分的行政执法权。未获得行政执法资格证者，只能在具有执法资格人员的带领下，进行辅助执法工作。二是法律职业资格证。依据 2017 年及之后修改的《行政处罚法》，初次从事行政处罚决定审核的人员，要获得法律职业资格证。（3）培训。就培训的内容而言，分为专项培训和日常培训。专项培训的内容一般是行政执法过程中的具体问题，如 G 省 N 市于 2023 年上半年陆续举办多期全市行政执法监督干部培训班，并邀请司法部及当地高校的领导专家进行专题授课，即属于这一形式。日常培训旨在提升队伍的法治思维和法治素养，如对行政执法的程序规定进行培训、对法制审核的注意事项进行讲解等。就培训的方式而言，分为传统方式和新兴方式。传统的培训方式包括理论专家讲座、实战教官培训、在日常工作中穿插式授课、集中开班培训等。近年来，线上课程培训成为一种新兴的培训方式，表现为将培训内容录制成视频，培训对象在方便的时候以实名身份自行登录观看，观看时段不作强制要求，只要培训对象在规定时间内完成观看量即可。（4）考核。考核分为定期考核和不定期考核。定期考核一般以季度、年度的频率展开，主要表现为执法能力考试和执法知识测试。不定期考核常带有突击检查的意味，一般安排在培训或某些重大事件发生后。近年来的考核多以“线上+线下”结合的形式展开。（5）晋升。行政执法队伍法治人才的晋升，主要包括两种渠道：一是在执法岗位晋升，如担任执法中队长、大队长。二是在法制审核岗位晋升，如担任法制科、股的负责人。（6）奖惩。奖励旨在调动积极性，主要包括物质奖励和精神奖励。物质奖励通常表现为绩效工资；精神奖励表现为记功，如执法单位中普遍流行的一等功、二等功、三等功。惩罚是对无法完成相应任务或在执行任务中表现不佳的一种负向激励机制，表现为克扣绩效、暂停或暂缓评奖评优及晋升等。（7）调离法治相关岗位。法治相关岗位包括执法岗位、法制审核岗位及普法岗位。调离的原因一方面有主观上不再有从事法治岗位的意愿而主动申请调离；另一方面有客观上不能胜任法治岗位而被调离。大部分调离人员基于其法学（法律）教育背景或行政执法经验，仍作为法治人才队伍中的储备力量。

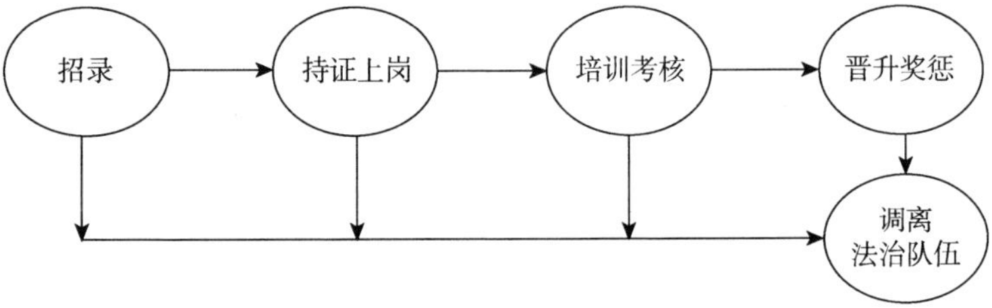

图 11-1　行政执法队伍法治人才的管理现状

其三，执法工作现状。行政执法队伍法治人才的工作，基本涵盖了行政执法的全过程，包括行政检查、调查取证、法制审核、集体讨论和行政决定作出、普法工作等。就人力分配而言，大量的人员被分配到日常行政检查和调查取证环节中。就智力分配而言，取证、审核、讨论及作出决定环节需要更多智力成分的注入。

（三）特征

其一，队伍结构年轻化，队伍基数扩大化，队伍法治素质不断提高。形成这一特征的原因有三个：一是《法治政府建设实施纲要（2015—2020年）》和《法治政府建设实施纲要（2021—2025年）》的印发，对各地行政执法队伍法治人才培养起到重要的指导作用；二是G省在公务员考试、事业编制人员考试及接受委托从事行政执法单位的聘用制人员招录中，法学（法律）教育背景人员的比例不断提高；三是2017年及之后修改的《行政处罚法》要求初次从事行政处罚决定审核的人员必须取得法律职业资格证。队伍法治素质的提高，也带来了良性的执法效果，如G省N市2023年涉企行政执法案卷评查结果显示，在评查的589卷案卷中，优秀及合格案卷数占案卷总数的95.6%，其中满分卷82卷，体现了各地行政执法部门良好的行政执法水平。

其二，行政执法队伍法治人才的培养更加科学，管理更成体系化。这是基于G省在人员招录、持证上岗、培训考核、晋升奖惩、调离队伍等制度设计及实践中取得的结果。这套制度设计基本保证了行政执法队伍法治人才的质量和生命力，队伍整体得到了更系统、更全面的培养，相关人才可以被甄别和晋升，并为不适应者预留了退出机制。

其三，行政执法队伍法治人才得到充分重视，并在依法治市过程中发挥更加重要的作用。自党的十八届四中全会提出“创新法治人才培养机制”以来，行政执法队伍法治人才培养得到市委、市政府越来越多的重视，甚至成为执法情况检查、依法行政考核及法治政府评估中的关键要素。行政执法队伍法治人才的培养和壮大，也使得善于运用法治思维和法治方式推动工作的人员，更容易被选拔到领导岗位上来，从而作为关键少数在依法治市过程中发挥更加重要的作用。

四、行政执法队伍法治人才培养面临的新挑战

随着改革发展的持续深入，G省N市法治人才队伍培养面临新挑战。这些挑战兼具全国共性和本地特性，是国家改革的“大气候”和本地发展的“小气候”共同作用的结果。

（一）有为政府期许与有限政府职权的矛盾

一方面，多年来在以举国体制为内容的宣传教育下，我们的社会

早已形成“有为政府”的价值理念，国民普遍期待政府在国家治理的各项事业上有所作为，“有事找政府”符合多数百姓的心理预期。另一方面，建设法治政府要求政府“法无授权不可为”“把政府的权力关进制度的笼子里”，这实质上是为政府的法定职权和行为方式划定了边界。最终造成“有为政府”期许与有限政府职权的矛盾。[①]

例如，行政执法中一直难以根除的非法取证现象，正是上述矛盾的一个缩影。究其根源，一方面，法律赋予行政机关的取证权力和手段有限，在一些复杂行政案件中，若仅采用传统法定取证手段，无法取得关键证据；另一方面，法律对行政机关取证的管控严格，行政机关铤而走险的行为一旦败露，相关证据会被排除，相关人员会被惩戒，执法努力会落空，被害人的权益亦无法得到保障。[②] 推而广之，在今后的行政执法中，如何统筹有效性与合法性的关系、执法温度与执法力度的关系、法治原则与比例原则的关系，成为 G 省 N 市行政执法队伍法治人才培养的新挑战。

（二）政策命令频出与相关立法滞后的矛盾

为回应国家改革和发展的需要，中央及地方政府加快出台诸多涉及行政执法的政策、命令及意见，旨在通过内部行政文件的方式推进地方的执法工作。但由于立法工作对时间、程序的要求相对严格，不得已造成相关立法滞后于政策命令的现象，导致一些行政政策“无法可依”。

例如，《法治政府建设实施纲要（2021—2025 年）》要求加强规

---

① 姜明安：《中国依宪治国和法治政府建设的主要特色》，载《政治与法律》2019 年第 8 期，第 8 页。

② 林威光、余睿：《从“围堵”走向“疏通”：公安行政执法中非法取证行为规制新路径》，载《广西政法管理干部学院学报》2021 年第 6 期，第 101 页。

范共同行政行为立法，完善行政程序法律制度；《法治中国建设规划（2020—2025 年）》明确要求健全规范共同行政行为的法律法规，研究制定行政程序法。可见国家对制定行政程序法的预期是相当高的。但到目前为止，制定全国统一的“行政程序法典”的立法尝试历经二十余年仍遥遥无期，行政基本法典仍处于各方争论的阶段，[①] 相关立法与国家政策的脱节程度可见一斑。又如 2015 年国务院发布《促进大数据发展行动纲要》要求修订政府信息公开条例，积极研究数据开放、保护等方面的制度，实现对数据资源采集、传输、存储、利用、开放的规范管理，促进政府数据在风险可控原则下最大限度开放。此后于 2019 年修订的《政府信息公开条例》虽然细化了部分流程，扩大了公开范围，但并未充分回应政务数据开放的需求，依然保持 2008 年条例中政府信息公开分散、保守的特点，也未对建立各部门之间的综合协调机制和搭建统一的政府信息公开平台作出规定。[②] 在 G 省 N 市行政执法队伍法治人才培养的过程中，如何应对或适应因立法滞后而带来的执法挑战，同样值得深思。

(三) 科技行政执法与既有执法规定的矛盾

行政执法中大量融入科学技术是大势所趋。笔者通过调研发现，G 省 N 市在推进行政执法信息化方面，付诸了许多行动和努力。例如，N 市市场监管局推进全省行政执法办网上全流程操作，加强协同办案系统的顶层设计；农业部门组织开发“农业执法综合信息平台”和“执

---

① 应松年：《关于行政法总则的期望与构想》，载《行政法学研究》2021 年第 1 期，第 3-5 页。王万华：《我国行政法法典编纂的程序主义进路选择》，载《中国法学》2021 年第 4 期，第 103 页。马怀德：《行政基本法典模式、内容与框架》，载《政法论坛》2022 年第 3 期，第 46-48 页。

② 金成波、王敬文：《数字法治政府的时代图景：治理任务、理念与模式创新》，载《电子政务》2022 年第 8 期，第 72 页。

法通APP”，极大提升了农业行政执法效能；N市司法局根据省司法厅统一部署，积极与市财政、市发改委、市政务办等相关部门进行沟通协调，并赴司法厅行政执法监督局以及省内外司法局开展系统建设调研，推动行政执法监督平台建设。

一方面，数字技术切实增强了行政执法手段的有效性，无人机、监控探头、人脸识别及大数据分析提升了取证的深度和广度，使原本散落在各个角落的蛛丝马迹，以更清晰的形式呈现在执法者面前。另一方面，行政执法与科学技术的融合，也同时挑战了现有法律强制性规定。例如，《行政处罚法》第五条第二款规定“设定和实施行政处罚必须以事实为依据，与违法行为的事实、性质、情节以及社会危害程度相当”，即过罚相当。在人力取证年代，并非所有违法行为及相关证据都能被发现和固定，因此必须依靠提高单次处罚力度，才能达到威慑目的，现行法律规范多是在人力取证的背景下制定的。但高科技取证行为的来临，使风雨无阻的全天候取证成为可能，违法行为的查处率趋近100%。质言之，高科技取证行为一旦过度使用，原有制度设计下过罚相当的规定必然被打破，执法畸重不可避免。[①] G省N市行政执法队伍法治人才培养的过程中，如何缓和科技行政执法与既有执法规定的矛盾，成为培养的又一重点、难点内容。

（四）行政执法中旧有问题仍然存在

其一，“执法不规范”问题仍然存在。通过对N市的实地调研和座谈，笔者发现部分行政执法部门还存在选择性执法、过度执法等现象，有的单位还不同程度存在下达罚款指标，趋利性执法；部分单位行政

---

① 马颜昕：《自动化行政方式下的行政处罚：挑战与回应》，载《政治与法律》2020年第4期，第141页。

执法程序、证据等有瑕疵，执法行为还不规范，行政执法“三项制度”等有关执法制度落实不到位；部分执法人员法治意识和法律素养还有待提升，对于法律法规学习不及时、理解不透彻、运用不娴熟，过度执法、选择性执法、暴力执法等问题尚未完全杜绝。

其二，“行刑衔接不畅”问题仍然存在。《法治政府建设实施纲要（2021—2025 年）》提出，要完善行政执法与刑事司法衔接机制，加强“两法衔接”信息平台建设，推进信息共享机制化、案件移送标准和程序规范化的目标。《行政处罚法》第二十七条及国务院《行政执法机关移送涉嫌犯罪案件的规定》也对行政执法与刑事司法的衔接问题进行了规定。但通过对 N 市的走访调研，笔者发现在实际执法中，执法司法衔接机制仍有不顺，主要表现在部分地区行政执法机关不配合司法机关执法行为、党政主要负责人不能带头落实行政机关负责人出庭应诉有关规定；“案多人少”矛盾突出、执行难；部分执法人员对操作流程不熟悉，相关规定不具体、实操性弱，司法机关向行政机关反向移送的规定匮乏等方面。

其三，“恣意行政”问题仍然存在。禁止恣意是行政法上的一项重要原则，要求“行政机关的任何措施都必须有其合理的充分的实质理由，与其所要处理的事实状态之间保持适度的关系”①。2022 年 8 月国务院办公厅在《关于进一步规范行政裁量权基准制定和管理工作的意见》中指出，基层行政执法该严不严、该宽不宽、畸轻畸重、类案不同罚等现象仍时有发生。通过对 G 省内实地调研的情况也表明，相关“恣意行政”的问题依然存在，表现为部分地区落实行政执法“三项制度”不严，执法自由裁量权过大，不同程度存在对企业过度执法、粗暴执法、趋利性执法、选择性执法和多头检查、重复检查、执法扰企

① 周佑勇：《行政法原论》（第三版），北京大学出版社 2018 年版，第 62 页。

等问题。

如何通过行政执法队伍法治人才培养，消解“执法规范化”痼疾、畅通“行刑衔接”渠道、杜绝“恣意行政”顽疾，最终促进行政执法中的旧有问题得到有效化解，也是一个不容小觑的难题。

五、提高执法人员的法治素养

笔者通过调研发现，行政执法人员的法治素养，对自身执法行为是否失范产生重要影响。行政执法队伍法治人才的高质量建设，有助于抵制或阻却包括非法取证行为在内的执法失范行为的发生。2023 年中办、国办印发《关于加强新时代法学教育和法学理论研究的意见》，为新时代法治人才培养指明了方向，对法治人才培养标准提出了新的更高要求。遵照上述意见，结合本次调研情况，笔者认为应在后续行政执法队伍法治人才培养过程中，对以下方面予以观照。

（一）培养内容的创新

其一，在法治思维的培养上实现创新。为应对“期许无限与职权有限”“政令频出与立法滞后”这两项矛盾，在培养执法人员对法治思维的理解和运用时，要实现创新。具体方法是，在授课时将法治思维细化为“法律精神—法律原则—法律规则”三个层次，并对上述三个层次的具体适用场景进行讲授。具体场景是：在日常状态下或一般案件中，对行政执法的评价应偏重合法性，执法人员只能依据具体的法律规定履职，任何越权都是非法的；当事态逐步升级，法律对新情况、新问题的规定不充分、不明确时，应鼓励执法人员运用法律原则来填补规则的阙如；当事态严峻，日常处置方式收效甚微或基本无效时，对执法人员行为的评价应更偏重有效性，只要其行为符合基本的法律精神，如保障人民群众生命财产安全、决策符合民主集中制、保存决策依据或备案等，就不必拘泥于具体执法方式。当执法人员对法治思维的三个层次及其适用场景，有了更清晰的认识后，就可以更好地应对行政执法中的相关矛盾。

其二，在科技执法的培训上实现创新。针对当下新兴的科技执法方式，设置相关培训课程，让科技执法依法有序开展。例如，根据无人机技术的特点，设计“地空联动”执法的培训课程；根据电子技术监控的特点，设计“非接触式”执法的培训课程；根据人脸识别技术的特点，设计交管、城管“抓拍纠违”的培训课程。通过培训，减少因科技“越轨”而造成的非法取证现象，让执法人员切实掌握如何在法治轨道内实施科技执法，让科技执法依法有效地解决城乡治理“微领域”中违法程度低、违法数量大的顽瘴痼疾。

其三，在行政执法的模式上实现创新。把行政执法中“恣意行政”“机械行政”及“行刑衔接”等旧有问题，内嵌于当前的行政执法模式中。仅就这些问题本身对既有行政执法模式进行“小修小补”，可能无法达到根除矛盾的目的。因此，可以鼓励在培训内容上，对行政检查、行政调查、行政强制、行政处罚等行政执法模式进行根本意义上的创新，甚至重置。

（二）培养形式的创新

其一，形式多样，喜闻乐见。要实现法治人才培养的创新，就不能拘泥于单一的或所谓“正统”的培养形式，应该追求培养方式的多元化。同时，培训的形式也要遵循信息的传播规律和人脑的认知规律，通过喜闻乐见的形式开展培训更利于知识的传播和吸收。目前较为新兴的培训方式系“线上积分式”课程和考试。该模式的优势是可以利用执法人员的碎片时间开展培训与考核，方便快捷；弊端是可能会让培训流于形式或出现作弊，如“挂机上课”“带人考试”等。下一步可在“线上积分式”培育的基础上，将非法取证行为规制作为学习专题，并开拓更多培训模式。

其二，梯度设计，分类培养。梯度设计旨在激励竞争，分类培养旨在因材施教。具体方法可以是，在行政机关内，除行政级别外，给法治人才设置类似于职称的专业能力等级评价机制，依据不同等级享受额外津贴；针对不同职级或职称的法治人才，开设不同内容的培训课程等。

其三，激励为主，大胆容错。科学研究表明，在新习惯的养成上，激励比惩罚更有效。[①] 因此，在创新行政执法队伍法治人才的培养形式上，应该以激励为主、大胆容错，防止故步自封、照本宣科。具体应从“讲授者”和“学习者”两个角度进行改进。一方面，从讲授者的角度出发，只要其把握正确的政治方向、严守底线思维，就应鼓励其采用多种方式进行授课，授课内容也应该实现多元化，比如探讨执法人员实施非法取证的相关心态及利弊得失等。另一方面，从学习者的角度出发，鼓励执法人员将学到的新技能、新方法用于行政执法中，对于因采取新型执法方式而产生的执法瑕疵，要大胆容错。

其四，知识互通，人才交流。执法一线部门在培养法治人才的过程中，应当注重与高校科研机构的交流，通过理论联系实际的方式，推动非法取证行为规制经验的理论化。一是知识互通，鼓励执法一线部门的实务专家到高校科研机构讲授实务课程，同时让高校科研机构的理论专家到执法一线部门传授法治理论，真正做到理论知识和实务

① 梁小民：《激励比惩罚更有效》，载《财经界》2006 年第 4 期，第 115-116 页。

知识的互通融通。二是人才交流，建立高校科研机构人员到执法一线部门的挂职锻炼机制，以及高校学生到执法一线部门的实习实践机制，同时在高校科研机构中建立执法实务教学和研究智库，吸纳执法一线法治人才成为智库专家。通过上述方式，实现知识互通和人才交流，切实促进执法一线法治人才队伍的全方位培养。

参考文献

一、著作

1. 周佑勇：《行政法原论》（第三版），北京大学出版社 2018 年版。

2. 赵晓华：《晚清讼狱制度的社会考察》，黑龙江教育出版社 2019 年版。

3. 赵鹏：《风险社会的行政法回应》，中国政法大学出版社 2018 年版。

4. 赵宏：《权力的边界》，云南人民出版社 2023 年版。

5. 张文显：《法理学》（第四版），高等教育出版社、北京大学出版社 2011 年版。

6. 张晋藩：《中国近代社会与法制文明》，中国政法大学出版社 2003 年版。

7. 余凌云主编：《行政调查的理论与实践》，中国人民公安大学出版社 2014 年版。

8. 应松年：《外国行政程序法汇编》，中国法制出版社 2004 年版。

9. 许崇德主编：《宪法》（第五版），中国人民大学出版社 2014 年版。

10. 阎巍：《行政诉讼证据规则：原理与规范》，法律出版社 2019 年版。

11. 徐继敏：《行政程序证据规则与案例》，法律出版社 2011 年版。

12. 吴亮：《行政调查中的诱惑取证研究》，中国政法大学出版社 2017 年版。

13. 吴晗：《明代的锦衣卫和东西厂》，台海出版社 2018 年版。

14. 王维民：《行政程序证据制度研究》，中国言实出版社 2014 年版。

15. 全国人大常委会法制工作委员会法规备案审查室编著：《规范性文件备案审查案例选编》，中国民主法治出版社 2020 年版。

16. 王景斌、蔡敏峰主编：《行政法原理》，北京大学出版社 2016 年版。

17. 苗田力主编：《亚里士多德全集 · 第九卷》，中国人民大学出版社 2016 年版。

18. 李红枫：《行政处罚证据原理研究》，中国政法大学出版社 2013 年版。

19. 姜明安主编：《行政执法研究》，北京大学出版社 2004 年版。

20. 姜明安主编：《行政法与行政诉讼法》（第六版），北京大学出版社、高等教育出版社 2015 年版。

21. 何家弘、刘新品：《证据法学》（第五版），法律出版社 2013 年版。

22. 何海波：《中外行政诉讼法汇编》，商务印书馆 2018 年版。

23. 何海波：《行政诉讼法》（第三版），法律出版社 2022 年版。

24. 何贵初、甘泽华：《群体性事件的说服应对技巧》，中国人民公安大学出版社 2009 年版。

25. 高铭暄、马克昌、赵秉志：《刑法学》（第九版），北京大学出版社、高等教育出版社 2019 年版。

26. 甘文：《行政诉讼证据司法解释之评论——理由、观点与问题》，中国法制出版社 2003 年版。

27. 方世荣、石佑启主编：《行政法与行政诉讼法》（第三版），北京大学出版社 2015 年版。

28. 陈光中：《刑事诉讼法》（第五版），北京大学出版社、高等教育出版社 2015 年版。

29. 陈峰、张杰：《法治理念下的行政程序证据制度研究》，经济管理出版社 2017 年版。

30. 蔡小雪：《行政诉讼证据规则及运用》，人民法院出版社 2006 年版。

31. 卞建林、谭世贵主编：《证据法学》（第三版），中国政法大学出版社 2014 年版。

32. 本书编写组：《马克思主义基本原理概论》（第七版），高等教育出版社 2018 年版。

33. ［英］霍布斯：《利维坦》，黎思复、黎延弼译，商务印书馆 1985 年版。

34. （清）王灏、傅维鳞：《畿辅丛书 · 明书》，王氏谦德堂 1879 年，卷 73《刑法志》。

35. （明）施耐庵、罗贯中著：《水浒传》，黄霖校点，浙江古籍出版社 1996 年版。

36. ［意］贝卡里亚：《论犯罪与刑罚》（四十七章版），黄风译，中国方正出版社 2004 年版。

37［美］斯坦利 · 米尔格拉姆：《对权威的服从：一次逼近权力真相的心理学实验》，赵萍萍、王利群译，新华出版社 2013 年版。

38. ［美］弗朗西斯 · 福山：《政治秩序的起源：从前人类时代到法国大革命》（第二版），毛俊杰译，广西师范大学出版社 2014 年版。

39. ［美］菲利普·津巴多：《路西法效应：好人是如何变成恶魔的》，孙佩妏、陈雅馨译，生活·读书·新知三联书店2010年版。

40. （汉）司马迁撰、（宋）裴骃集解、（唐）司马贞索隐、（唐）张守节正义：《中华国学文库·史记》，中华书局2011年版。

41. ［法］让-雅克·卢梭：《社会契约论》，杨国政译，上海译文出版社2018年版。

42. ［法］米歇尔·福柯：《规训与惩罚：监狱的诞生》（修订译本），刘北城、杨远婴译，生活·读书·新知三联书店2012年版。

43. ［法］孟德斯鸠：《论法的精神》（上册），张雁深译，商务印书馆1978年版。

44. ［法］伏尔泰：《论宽容》，蔡鸿滨译，花城出版社2007年版。

45. ［德］乌尔里希·贝克：《风险社会》，何博闻译，译林出版社2004年版。

二、期刊及会议论文

1. 朱新力：《论行政诉讼中的事实问题及其审查》，载《中国法学》1999年第4期。

2. 周长军、庞常青：《民用无人机隐私侵权行为的法律规制——一个比较法的分析》，载《法学论坛》2019年第6期。

3. 周佑勇：《司法判决对正当程序原则的发展》，载《中国法学》2019年第3期。

4. 周佑勇：《行政法总则中基本原则体系的立法构建》，载《行政法学研究》2021年第1期。

5. 周欣：《公安机关非法证据排除规则实施及完善》，载《中国人民公安大学学报（社会科学版）》2014年第3期。

6. 郑曦：《中国古代讯问制度简论：一部刑讯的历史》，载《中国政法大学学报》2015 年第 2 期。

7. 郑贤君:《宪法“人格尊严”条款的规范地位之辨》,载《中国法学》2012 年第 2 期。

8. 赵毅、王丽丽:《公安行政非法证据排除制度之路径选择》,载《天津行政学院学报》2018 年第 5 期。

9. 赵宏:《疫情防控下个人的权利限缩与边界》,载《比较法研究》2020 年第 2 期。

10. 章志远:《行政调查初论》,载《中共长春市委党校学报》2008 年第 1 期。

11. 张泽涛:《论刑事诉讼非法证据排除规则的虚置——行政证据与刑事证据衔接的程序风险透视》,载《政法论坛》2019 年第 5 期。

12. 张硕:《行政诉讼非法证据排除规则适用的困境与出路——以 218 份裁判文书为样本》,载《行政法学研究》2018 年第 6 期。

13. 张硕:《论行政非法取证行为程序性制裁——兼评〈行政诉讼法〉第 43 条第 3 款》,载《河北法学》2018 年第 9 期。

14. 张栋磊:《公安行政执法中的非法证据排除规则——以司法审判为视角》,载《公安研究》2010 年第 7 期。

15. 张建刚:《关于完善检验检疫证据制度的探讨》,载《中国检验检疫》2008 年第 1 期。

16. 应松年:《关于行政法总则的期望与构想》,载《行政法学研究》2021 年第 1 期。

17. 姚天宇、王勇:《“钓鱼执法”的行政违法性及其规制》,载《政治与法律》2012 年第 6 期。

18. 杨曙光:《试论行政诉讼中非法证据的认定与排除》,载《江淮论坛》2012 年第 2 期。

19. 徐建军:《无人机在公安执法工作中的应用与监管》,载《北京警察学院学报》2018 年第 2 期。

20. 徐继敏：《税务行政程序证据规则研究》，载《税务研究》2010 年第 3 期。

21. 徐涛：《行政隐蔽调查的法律空间》，载《中国行政管理》2015 年第 5 期。

22. 谢大年、陈光强：《药品行政执法的证据规则》，载《中国药事》2004 年第 9 期。

23. 吴玥：《论“紧急炸弹”情形下的刑讯逼供》，载《研究生法学》2012 年第 4 期。

24. 吴亮：《论行政调查中的不得自证己罪原则》，载《华东政法大学学报》2011 年第 6 期。

25. 吴亮：《论行政诱惑取证中的政府引诱行为及其监督——以美国法的客观理论为借镜》，载《行政法学研究》2013 年第 3 期。

26. 吴亮：《黑车取证的执法困境及其出路》，载《清华法学》2016 年第 1 期。

27. 王万华：《完善行政执法程序立法的几个问题》，载《行政法学研究》2015 年第 4 期。

28. 王万华：《我国行政法法典编纂的程序主义进路选择》，载《中国法学》2021 年第 4 期。

29. 王锴：《调取查阅通话（讯）记录中的基本权利保护》，载《政治与法律》2020 年第 8 期。

30. 王锴：《比例原则在备案审查中的运用——以适当性审查为中心》，载《地方立法研究》2023 年第 5 期。

31. 王洪芳、张小林：《论我国公安行政执法非法证据排除规则的法制进程及意义》，载《四川警察学院学报》2015 年第 3 期。

32. 王聃、李振忠、郭春孚、邓学志、晏扬：《容错机制，是改革还是折腾》，载《决策探讨（上半月）》2009 年第 1 期。

33. 苏彩霞：《“风险社会”下抽象危险犯的扩张与限缩》，载《法商研究》2011 年第 4 期。

34. 宋华琳：《行政调查程序的法治建构》，载《吉林大学社会科学学报》2019 年第 3 期。

35. 沈岿：《社会信用体系建设的法治之道》，载《中国法学》2019 年第 5 期。

36. 帅奕男：《基本权利“新样态”的宪法保障——以互联网时代公民通信自由权为例》，载《法学评论》2018 年第 6 期。

37. 屠振宇、陈一飞：《行政执法尽职免责机制的实施困境及其纾解》，载《中国市场监管研究》2022 年第 12 期。

38. 任福生、宋海春：《行政调查的特别情形及其法律规制》，载《社会科学战线》2018 年第 12 期。

39. 全理其、陈玮璐：《现代性环境风险的风险刑法应对之批判》，载《广西大学学报（哲学社会科学版）》2020 年第 5 期。

40. 彭贵才：《论行政执法中非法证据排除规则的构建》，载《行政与法》2010 年第 9 期。

41. 潘庆娜、李锐炜：《异常行为规律在侦防盗窃案件中的应用》，载《湖南警察学院学报》2020 年第 2 期。

42. 茅铭晨：《从自定走向法定——我国〈行政处罚法〉修改背景下的非现场执法程序立法研究》，载《政治与法律》2020 年第 6 期。

43. 梅立润：《全面深化改革情境的“容错机制”》，载《重庆社会科学》2016 年第 6 期。

44. 马颜昕：《自动化行政方式下的行政处罚：挑战与回应》，载《政治与法律》2020 年第 4 期。

45. 马怀德：《行政基本法典模式、内容与框架》，载《政法论坛》

2022 年第 3 期。

46. 吕芳：《中国政府的“影子雇员”与“同心圆”结构——基于街道办事处的实证分析》，载《管理世界》2015 年第 10 期。

47. 柳华文：《联合国与人权的国际保护》，载《世界经济与政治》2015 年第 4 期。

48. 刘艳红：《中国刑法教义学化过程中的五大误区》，载《环球法律评论》2018 年第 3 期。

49. 刘晓华：《治安案件非法证据排除：现状、问题与完善》，载《广西警察学院学报》2019 年第 4 期。

50. 刘涛：《侦查讯问中威胁、利诱、欺骗之限度研究》，载《中国人民公安大学学报（社会科学版）》2016 年第 3 期。

51. 刘双舟：《人的独立意识：分析社会治理模式变迁的一个视角》，载《政法论坛》2008 年第 3 期。

52. 刘璐：《试论行政程序中的非法证据排除规则》，载《行政法学研究》2005 年第 1 期。

53. 梁小民：《激励比惩罚更有效》，载《财经界》2006 年第 4 期。

54. 林威光：《论行政执法中非法取证行为的系统性规制》，载《湖北经济学院学报（人文社会科学版）》2022 年第 3 期。

55. 林威光：《数字法治政府建设论纲：逻辑、困境及对策》，载《行政与法》2023 年第 7 期。

56. 林威光、余睿：《浅论行政非法证据排除规则之优化》，载《湖南警察学院学报》2021 年第 4 期。

57. 林威光、余睿：《从“围堵”走向“疏通”：公安行政执法中非法取证行为规制新路径》，载《广西政法管理干部学院学报》2021 年第 6 期。

58. 林威光、林军：《提升行政机关调查取证能力的困境与对策——

以广西南宁市为例》，载《广西行政法学研究会 2020 年学术年会论文集》。

59. 梁君瑜：《行政程序瑕疵的三分法与司法审查》，载《法学家》2017 年第 3 期。

60. 李玉华：《同步录音录像下单警讯问的突破》，载《法学》2019 年第 4 期。

61. 李林容：《网络智能推荐算法的“伪中立性”解析》，载《现代传播（中国传媒大学学报）》2018 年第 8 期。

62. 李侠、黄一峰、刘丹阳：《警察执法容错机制及其构建》，载《中国人民公安大学学报（社会科学版）》2019 年第 4 期。

63. 李袁婕：《略论文物行政处罚程序的规制》，载《中国文物科学研究》2022 年第 1 期。

64. 解瑞卿：《诱惑式行政调查行为存废之二维观察——基于“法律”与“行政”的比较衡量》，载《云南行政学院学报》2011 年第 6 期。

65. 江国华、张彬：《证据的内涵与依法取证——以行政处罚证据的收集为分析视角》，载《证据科学》2016 年第 6 期。

66. 姜小夕：《行政执法中秘密调查的法律规制研究》，载《中共南京市委党校学报》2016 年第 6 期。

67. 贾建平：《应急性警察权行使的原则与优化路径》，载《长白学刊》2019 年第 4 期。

68. 金成波、王敬文：《数字法治政府的时代图景：治理任务、理念与模式创新》，载《电子政务》2022 年第 8 期。

69. 金城：《行政诉讼非法证据的内涵界定》，载《行政法学研究》2002 年第 4 期。

70. 黄琳：《优势证据在行政诉讼中的构成及适用——以廖宗荣案为分析对象》，载《证据科学》2014 年第 6 期。

71. 胡杰：《容错纠错机制的法理意蕴》，载《法学》2017年第3期。

72. 洪丹娜：《算法歧视的宪法价值调适：基于人的尊严》，载《政治与法律》2020年第8期。

73. 何家弘：《适用非法证据排除规则需要司法判例》，载《法学家》2013年第2期。

74. 韩铮：《非对抗视角下侦查人员在讯问中的角色定位》，载《湖南警察学院学报》2020年第3期。

75. 郭少飞：《“电子人”法律主体论》，载《东方法学》2018年第3期。

76. 辜奕斌：《柳州：“电子城管”模式开辟“非接触式”执法工作新路径》，载《中国建设信息化》2019年第5期。

77. 龚刃韧：《酷刑：从合法的手段到公认的罪行》，载《比较法研究》2014年第1期。

78. 董坤：《实践的隐忧——论特殊侦查中的证据转化》，载《中国人民公安大学学报（社会科学版）》2013年第3期。

79. 戴昕：《“防疫国家”的信息治理：实践及其理念》，载《文化纵横》2020年第5期。

80. 陈晓明：《风险社会之刑法应对》，载《法学研究》2009年第6期。

81. 陈闻高：《侦讯模式论》，载《中国人民公安大学学报（社会科学版）》2013年第6期。

82. 陈慧君：《治安管理处罚证据制度的再审视》，载《中国人民公安大学学报（社会科学版）》2018年第5期。

83. 查云飞：《行政裁量自动化的学理基础与功能定位》，载《行政法学研究》2021年第3期。

84. 查云飞：《人工智能时代全自动具体行政行为研究》，载《比较法研究》2018 年第 5 期。

85. 蔡星月：《个人隐私信息公开豁免的双重界限》，载《行政法学研究》2019 年第 3 期。

三、外文文献

1. Watchtower bible and Tract Society of New York v. Village of Stratton, 536 U. S. 150 (2002).

2. Jason M. Sheppard. Anonymity, Disclosure and First Amendment Balancing in the Internet Era. Yale Journal of Law & Technology. 15 (2012).

3. Israel Koren, C. Mani Krishna. Fault Tolerant Systems, USA, Morgan Kaufmann Publishers, 2007.

4. Shane O'Mara. Why Torture Doesn't Work: The Neuroscience of Interrogation, USA, Harvard University Press, 2015.

5. Malcolm Gladwell. Talking to Strangers, USA, Hachette Book Group, 2019.

6. David Sloan Wilson. This View of Life: Completing the Darwinian Revolution, USA, Alfred A. Knopf, 2019.

附录一：我国三大程序法领域的非法证据排除规则比较

	刑事领域①	民事领域②	行政领域③
内容	非法证据的认定情形；非法证据的认定标准；非法证据的排除程序；证据合法性的证明方式	非法证据的认定情形	非法证据的认定情形
非法证据认定情形	嫌疑人、被告人供述 采用刑讯逼供等非法方法收集的犯罪嫌疑人、被告人供述。具体包括： （一）采用殴打、违法使用戒具等暴力方法或者变相肉刑的恶劣手段，使被告人遭受难以忍受的痛苦而违背意愿作出的供述； （二）采用以暴力或者严重损害本人及其近亲属合法权益等相威胁的方法，使被告人遭受难以忍受的痛苦而违背意愿作出的供述； （三）采用非法拘禁等非法限制人身自由的方法收集的被告人供述。 重复性供述 嫌疑人、被告人遭受刑讯逼供收集的“重复性供述”应当排除，但有例外： （一）调查、侦查期间，涉及非法取证而更换调查、侦查人员，其他调查、侦查人员再次讯问时告知有关权利和认罪的法律后果，被告人自愿供述的； （二）审查逮捕、审查起诉和审判期间，检察人员、审判人员讯问时告知诉讼权利和认罪的法律后果，被告人自愿供述的	以严重侵害他人合法权益的方法形成或者获取的证据	严重违反法定程序收集的证据材料

① 依据《刑事诉讼法》第五十六至六十条。《最高人民法院关于适用〈中华人民共和国刑事诉讼法〉的解释》（法释〔2012〕21号）第一百二十三至一百三十八条。

② 《最高人民法院关于适用〈中华人民共和国民事诉讼法〉的解释》（法释〔2022〕11号）第一百零六条。

③ 《最高人民法院关于适用〈中华人民共和国行政诉讼法〉的解释》（法释〔2018〕1号）第四十三条。

续表

	刑事领域	民事领域	行政领域
非法证据认定情形	证人证言、被害人陈述 采用暴力、威胁，以及非法限制人身自由等非法方法收集的证人证言、被害人陈述	违反法律禁止性规定的方法形成或者获取的证据	以违反法律强制性规定的手段获取且侵害他人合法权益的证据材料
	物证、书证 不符合法定程序，可能严重影响司法公正，不能补正或者作出合理解释的物证、书证。认定“可能严重影响司法公正”，应当综合考虑收集证据违反法定程序以及所造成后果的严重程度等情况	严重违背公序良俗的方法形成或者获取的证据	以利诱、欺诈、胁迫、暴力等手段获取的证据材料
补正	言词证据不能补正；实物证据可以补正	不能补正	不能补正
非法证据认定标准	确认或者不能排除存在非法取证		
适用阶段	侦查、审查起诉、审判阶段均适用，且规定基本相同	审判阶段	审判阶段
庭审阶段非法证据排除程序	开庭前申请；开庭后才申请的要说明理由；在庭前会议中控辩双方对证据的合法性不能达成一致的，法院在庭审中调查		
庭审阶段证据合法性证明方式	公诉人通过宣读调查、侦查讯问笔录，出示提讯登记、体检记录、对讯问合法性的核查材料等证据材料，有针对性地播放讯问录音录像，提请法庭通知有关调查人员、侦查人员或者其他人员出庭说明情况等方式		

附录二：行政“证据三性”的模式化运用

一级情形	二级情形	三级情形	具体证据形态		后果（留空表明法条无对应表述）	依据		
						2002行政诉讼证据规定	2014行政诉讼法	2018行政诉讼司法解释
违反合法性	非法形式	不属于八大种类	书证、物证、视听资料、电子数据、证人证言、当事人的陈述、鉴定意见、勘验笔录、现场笔录以外的材料					
		不符合形式要求	书证	未注明出处或未加盖该部门印章的有关部门保管的书证原件的复制件、影印件或者抄录件		第十条		
				未附有说明材料的报表、图纸、会计账册、专业技术资料、科技文献等书证				
				缺乏行政执法人员的询问、陈述、谈话类笔录				
			电子数据试听资料	未注明制作方法、制作时间、制作人和证明对象等		第十二条		
				声音资料未附有该声音内容的文字记录				

续表

一级情形	二级情形	三级情形	具体证据形态		后果（留空表明法条无对应表述）	依据		
						2002行政诉讼证据规定	2014行政诉讼法	2018行政诉讼司法解释
违反合法性	非法形式	不符合形式要求	证人证言	未写明证人的姓名、年龄、性别、职业、住址等基本情况		第十三条		
				未有签名或盖章				
				未注明出具日期				
				未附有居民身份证复印件等证明证人身份的文件				
			鉴定意见	未载明委托人和委托鉴定的事项		第十四条		
				未载明向鉴定部门提交的相关材料				
				未载明鉴定的依据和使用的科学技术手段				
				未说明鉴定部门和鉴定人的鉴定资格				
				缺乏鉴定人的签名和鉴定部门的盖章				
				未说明分析过程				
			现场笔录	未载明时间、地点和事件等内容		第十五条		
				缺乏执法人员和当事人签名				
				当事人拒绝签名的，未注明原因				

续表

<table>
<tr><th rowspan="2">一级情形</th><th rowspan="2">二级情形</th><th rowspan="2">三级情形</th><th rowspan="2" colspan="2">具体证据形态</th><th rowspan="2">后果（留空表明法条无对应表述）</th><th colspan="3">依据</th></tr>
<tr><th>2002行政诉讼证据规定</th><th>2014行政诉讼法</th><th>2018行政诉讼司法解释</th></tr>
<tr><td rowspan="7">违反合法性</td><td rowspan="7">非法取得</td><td rowspan="3">非法手段取得</td><td colspan="2">严重违反法定程序收集的证据材料</td><td rowspan="3">旧法：不能作为定案依据
新法：不得作为认定案件事实的根据</td><td rowspan="3">第五十七条第一、二、三项后被新法取代</td><td rowspan="3">第三十四条第三款</td><td rowspan="3">第四十三条</td></tr>
<tr><td colspan="2">以违反法律强制性规定的手段获取且侵害他人合法权益的证据材料</td></tr>
<tr><td colspan="2">以利诱、欺诈、胁迫、暴力等手段获取的证据材料</td></tr>
<tr><td rowspan="4">非法时间取得</td><td rowspan="3">原告或第三人</td><td>原告或第三人在行政程序中拒不提供，在诉讼中才提供的证据</td><td>一般不予采纳</td><td>第五十九条</td><td></td><td>第四十五条</td></tr>
<tr><td>原告或第三人无正当理由，在诉讼中逾期向法院提供的证据</td><td>旧法：不能作为定案依据
新法：视为放弃举证权利</td><td>第五十七条第四款后被新法取代</td><td></td><td>第三十五条第一款</td></tr>
<tr><td>原告或第三人在一审中拒不提供，二审才提供的证据</td><td>不予接纳</td><td></td><td></td><td>第三十五条第二款</td></tr>
<tr><td>被告</td><td>被告无正当理由，在作出行政行为后补正的证据①</td><td>不能作为认定被诉具体行政行为合法的依据</td><td>第六十条第一项</td><td>第三十五条</td><td></td></tr>
</table>

① 被告补正的正当理由有："原告或者第三人提出了其在行政处理程序中没有提出的理由或者证据的，经人民法院准许，被告可以补充证据。"依据《行政诉讼法》第三十六条第二款。

续表

一级情形	二级情形	三级情形	具体证据形态		后果（留空表明法条无对应表述）	依据		
						2002行政诉讼证据规定	2014行政诉讼法	2018行政诉讼司法解释
违反合法性	非法取得	非法时间取得	被告	被告无正当理由，在诉讼中逾期向法院提供的证据①	旧法：不能作为定案依据 新法：视为被诉行政行为没有相应的证据	第五十七条第四款后被新法取代		第三十四条
				被告在复议阶段未向复议机关提供的证据	不能作为人民法院认定原具体行政行为合法的依据	第六十一条		
			其他机关	旧法：复议机关在复议阶段收集和补充的，证明行政行为合法的证据	不能作为人民法院认定原具体行政行为合法的依据	第六十一条		
				新法：复议机关作出维持决定，在复议程序中依法收集和补充的证据	可以作为人民法院认定复议决定和原行政行为合法的依据			第一百三十五条
				法院在诉讼阶段收集和补充的，证明行政行为合法性的证据			第四十条	

① 被告逾期向法院提供证据的正当理由有：其一，“被诉行政行为涉及第三人合法权益，第三人提供证据的”；其二，“因不可抗力等正当事由不能提供的，经人民法院准许，可以延期提供”。依据《行政诉讼法》第三十四条第二款、第三十六条第一款。

续表

一级情形	二级情形	三级情形	具体证据形态	后果（留空表明法条无对应表述）	依据		
					2002行政诉讼证据规定	2014行政诉讼法	2018行政诉讼司法解释
违反合法性	非法使用	调解自认的不利使用	在行政赔偿诉讼中，人民法院主持调解时当事人为达成调解协议而对案件事实的认可	不得在其后的诉讼中作为对其不利的证据	第六十六条		
		毁灭证据致无法使用	以妨碍对方当事人使用为目的，毁灭有关证据或者实施其他致使证据不能使用	可以推定对方当事人基于该证据主张的事实成立，并可依照行政诉讼法第五十九条规定处理			第三十六条第三款
违反真实性	违反一般要求	真实性缺陷的复印件	当事人无正当理由拒不提供原件、原物，又无其他证据印证，且对方当事人不予认可的证据的复制件或者复制品	不能作为定案依据	第五十七条第六项		
		经技术处理且难辨真伪的证据	被当事人或者他人进行技术处理而无法辨明真伪的证据材料		第五十七条第七项		
		表达能力缺陷的证言	不能正确表达意志的证人提供的证言		第五十七条第八项		

续表

一级情形	二级情形	三级情形	具体证据形态	后果（留空表明法条无对应表述）	依据		
					2002行政诉讼证据规定	2014行政诉讼法	2018行政诉讼司法解释
违反真实性	违反一般要求	真实性缺陷的鉴定意见	鉴定人不具备鉴定资格的鉴定意见	不予采纳	第六十二条		
			鉴定程序严重违法的鉴定意见				
			鉴定结论错误、不明确或者内容不完整的鉴定意见				
		被推翻的自认	一方当事人或者其代理人在代理权限范围内对另一方当事人陈述的案件事实明确表示认可的，人民法院可以对该事实予以认定。但有相反证据足以推翻的除外	对该事实不予认定	第六十五条		
		凭据缺陷	所依据的生效人民法院裁判文书或者仲裁机构裁决文书认定的事实有重大问题的	应当中止诉讼，通过法定程序予以纠正后恢复诉讼	第七十条		
		伪证	伪造、隐藏、毁灭证据或者提供虚假证明材料，妨碍人民法院审理案件的，或指使、贿买、胁迫他人作伪证或者威胁、阻止证人作证的，人民法院可以根据情节轻重，予以训诫、责令具结悔过或者处一万元以下的罚款、十五日以下的拘留；构成犯罪的，依法追究刑事责任	司法惩戒		第五十九条	

续表

一级情形	二级情形	三级情形	具体证据形态	后果（留空表明法条无对应表述）	依据		
					2002行政诉讼证据规定	2014行政诉讼法	2018行政诉讼司法解释
违反真实性	违反补强要求	未成年人的证言	未成年人所作的与其年龄和智力状况不相适应的证言	不能单独作为定案依据	第七十一条第一项		
		利害关系人的证言	与一方当事人有亲属关系或者其他密切关系的证人所作的对该当事人有利的证言		第七十一条第二项		
			与一方当事人有不利关系的证人所作的对该当事人不利的证言		第七十一条第二项		
		无正当理由不出庭的证言	应当出庭作证而无正当理由不出庭作证的证人证言		第七十一条第三项		
		修改存疑的视听资料	难以识别是否经过修改的视听资料		第七十一条第四项		
		真实性存疑的复制品	无法与原件、原物核对的复制件或者复制品		第七十一条第五项		
		改动后对方不接受的证据	经一方当事人或者他人改动，对方当事人不予认可的证据材料		第七十一条第六项		

续表

一级情形	二级情形	三级情形	具体证据形态	后果（留空表明法条无对应表述）	依据		
					2002行政诉讼证据规定	2014行政诉讼法	2018行政诉讼司法解释
违反真实性	违反出庭要求	异议证据	对合法性或者真实性有异议的现场笔录	原告或者第三人要求相关行政执法人员出庭说明的，人民法院可以准许	第四十四条		第四十一条
			对品种或者数量有异议的扣押材料				
			对物品取样或者保管有异议的检验材料				
			对行政执法人员身份的合法性有异议				
		无正当理由不出庭作证的证据	应当出庭作证而无正当理由不出庭作证的证人证言①	不能单独作为定案依据	第七十一条第三项		
			鉴定人无正当理由不出庭作证的鉴定意见②				
		瑕疵保证书	负有举证责任的当事人拒绝到庭、拒绝接受询问或者拒绝签署保证书，待证事实又欠缺其他证据加以佐证的证据	对其主张的事实不予认定			第四十四条第三款

① 证人不出庭的正当理由有：“……有下列情形之一的，经人民法院准许，当事人可以提交书面证言：（一）当事人在行政程序或者庭前证据交换中对证人证言无异议的；（二）证人因年迈体弱或者行动不便无法出庭的；（三）证人因路途遥远、交通不便无法出庭的；（四）证人因自然灾害等不可抗力或者其他意外事件无法出庭的；（五）证人因其他特殊原因确实无法出庭的。”依据2002年《行政诉讼证据规定》第四十一条。

② 鉴定人不出庭的正当理由有：“……鉴定人因正当事由不能出庭的，经法庭准许，可以不出庭，由当事人对其书面鉴定结论进行质证。鉴定人不能出庭的正当事由，参照本规定第四十一条的规定。”依据2002年《行政诉讼证据规定》第四十七条第一款、第二款。

续表

一级情形	二级情形	三级情形	具体证据形态	后果（留空表明法条无对应表述）	依据		
					2002行政诉讼证据规定	2014行政诉讼法	2018行政诉讼司法解释
违反关联性	与待证事实无关	与被诉行政行为无关	原告或者第三人在诉讼程序中提供的、被告在行政程序中未作为具体行政行为依据的证据	不能作为认定被诉具体行政行为合法的依据	第六十条第三项		

附录三：行政非法证据排除规则的规范汇总

表一　综合性行政执法规范中的非法证据排除规则①

文件名称	颁布主体、发布文号及文件性质	非法证据排除规则
《湖南省行政程序规定》	湖南省人民政府 令 2008 年第 222 号颁布 令 2018 年第 289 号修改 地方政府规章	2008 年版：第七十条　下列证据材料不得作为行政执法决定的依据：（一）严重违反法定程序收集的；（二）以非法偷拍、非法偷录、非法窃听等手段侵害他人合法权益取得的；（三）以利诱、欺诈、胁迫、暴力等不正当手段取得的……
		2018 年版：条文数与内容均无变化
《湖南省规范行政裁量权办法》	湖南省人民政府 令 2009 年第 244 号 省级地方政府规章	第三十条第二款　严禁行政机关采取利诱、欺诈、胁迫、暴力等不正当方式，致使公民、法人或者其他组织违法并对其实施行政处罚
《凉山州行政程序规定》	四川省凉山彝族自治州人民政府 令 2009 年第 25 号颁布“试行”版 令 2013 年第 30 号公布正式版 行政规范性文件②	2009 年版：第六十一条　下列证据材料不得作为行政执法决定的依据：（一）严重违反法定程序收集的；（二）以违法拍摄、录像或窃听等手段侵害他人合法权益取得的；（三）以利诱、欺诈、胁迫、暴力等不法手段取得的……
		2013 年版：将第六十一条改为第七十七条，内容无变化

① 为体现时间脉络，表格中的文件排列顺序，以文件中首次出现非法证据排除规则的时间先后顺序，自上而下排列。

② 依据当时《立法法》（2000 年）第七十三条之规定，自治州尚不具备制定地方政府规章的资格。

续表

文件名称	颁布主体、发布文号及文件性质	非法证据排除规则
《上海市行政执法人员执法行为规范》	上海市人民政府办公厅 沪府办发〔2010〕25号 行政规范性文件	第八条第一款　行政执法人员调查取证时，应当全面、客观、公正。不得以利诱、欺诈、胁迫、暴力等不正当手段收集证据，不得伪造、隐匿证据
《永平县行政程序暂行办法》	云南省永平县人民政府 令2010年第5号 行政规范性文件	第六十一条　下列证据材料不得作为行政执法决定的依据：（一）严重违反法定程序收集的；（二）以非法手段拍摄、录像、窃听等侵害他人合法权益取得的；（三）以利诱、欺诈、胁迫、暴力等不正当手段取得的……
《山东省行政程序规定》	山东省人民政府 令2011年第238号 地方政府规章	第七十三条　下列证据材料不得作为行政执法决定的依据：（一）违反法定程序收集的；（二）以非法偷拍、偷录、窃听等手段侵害他人合法权益取得的；（三）以利诱、欺诈、胁迫、暴力等不正当手段取得的……
《汕头市行政程序规定》	广东省汕头市人民政府 令2011年第124号颁布 令2016年第172号修改 地方政府规章	2011年版：第六十五条　下列证据材料不得作为行政执法决定的依据：（一）违反法定程序收集的；（二）以非法偷拍、非法偷录、非法窃听等手段侵害他人合法权益取得的；（三）以利诱、欺诈、胁迫、暴力等不正当手段取得的…… 2016年版：条文数和内容均无变化
《辽宁省行政执法程序规定》	辽宁省人民政府 令2011年第253号 地方政府规章	第十六条　行政执法人员从事行政执法活动，应当仪表规范，着装整洁。用语应当文明规范、表达准确、通俗简洁，禁止使用轻蔑、歧视、侮辱、诱导、欺骗、挑衅、恐吓、威胁性语言

续表

文件名称	颁布主体、发布文号及文件性质	非法证据排除规则
《酒泉市行政程序规定（试行）》	甘肃省酒泉市人民政府 酒政发〔2012〕182号 行政规范性文件	第七十六条　下列证据材料不得作为行政决定的依据：（一）严重违反法定程序收集的；（二）以非法偷拍、偷录、窃听等手段侵害他人合法权益取得的；（三）以利诱、欺诈、胁迫、暴力等不正当手段取得的……
《西安市行政程序规定》	陕西省西安市人民政府 令2013年第101号 地方政府规章	第五十一条　下列证据材料不得作为行政处理的依据：（一）严重违反法定程序收集的；（二）以偷拍、偷录、窃听等手段侵害他人合法权益取得的；（三）以利诱、欺诈、胁迫、暴力等不正当手段取得的……
《海口市行政程序规定》	海南省海口市人民政府 令2013年第94号颁布 令2019年第109号修改 地方政府规章	2013年版：第五十八条　下列证据材料不得作为行政执法决定的依据：（一）违反法定程序收集的；（二）以非法偷拍、非法偷录、非法窃听等手段侵害他人合法权益取得的；（三）以利诱、欺诈、胁迫、暴力等不正当手段取得的……
		2019年版：条文数和内容均无变化
《邢台市行政程序规定》	河北省邢台市人民政府 令2013年第7号 行政规范性文件	第七十九条　下列证据材料不得作为行政执法决定的依据：（一）严重违反法定程序收集的；（二）以非法偷拍、非法偷录、非法窃听等手段侵害他人合法权益取得的；（三）以利诱、欺诈、胁迫、暴力等不正当手段取得的……
《江苏省行政程序规定》	江苏省人民政府 令2015年第100号 地方政府规章	第五十七条　下列证据材料不得作为行政执法决定的依据：（一）严重违反法定程序收集的；（二）以非法偷拍、偷录、窃听等手段侵害他人合法权益取得的；（三）以利诱、欺诈、胁迫、暴力等不正当手段取得的……

续表

文件名称	颁布主体、发布文号及文件性质	非法证据排除规则
《宁夏回族自治区行政程序规定》	宁夏回族自治区人民政府 令 2015 年第 73 号 地方政府规章	第四十三条　下列证据材料不得作为行政执法决定的证据：（一）违反法定程序收集的；（二）以利诱、欺诈、胁迫、暴力及其他非法手段取得的……
《兰州市行政程序规定》	甘肃省兰州市人民政府 令〔2015〕第 1 号 地方政府规章	第四十八条　下列证据材料不得作为行政执法决定的依据：（一）严重违反法定程序收集的；（二）以非法偷拍、非法偷录、非法窃听等手段侵害他人合法权益取得的；（三）以利诱、欺诈、胁迫、暴力等不正当手段取得的……
《浙江省行政程序办法》	浙江省人民政府 令 2016 年第 348 号 地方政府规章	第五十六条　下列证据材料不得作为行政执法决定的依据：（一）违反法定程序收集，可能严重影响执法公正的……
《蚌埠市行政程序规定》	安徽省蚌埠市人民政府 令 2017 年第 41 号 地方政府规章	第四十九条　下列证据材料不得作为行政执法决定的依据：（一）违反法定程序收集，可能严重影响执法公正的……
《行政处罚法》	全国人大常委会 主席令 1996 年第 36 号颁布 主席令 2009 年第 18 号 第一次修订 主席令 2017 年第 76 号 第二次修订 主席令 2021 年第 70 号 第三次修订 法律	1996—2017 年版：未规定 2021 年版：第四十六条第三款　以非法手段取得的证据，不得作为认定案件事实的根据
《安徽省行政执法证据收集与运用指引（试行）》	安徽省推进依法行政工作领导小组办公室 皖府法领办〔2021〕13 号 行政规范性文件	第三十九条　下列证据材料不得作为作出行政执法决定的依据：（一）严重违反法定程序收集的证据材料；（二）以偷拍、偷录、窃听等手段获取侵害他人合法权益的证据材料；（三）以利诱、欺诈、胁迫、暴力等不正当的手段获取的证据材料……

续表

文件名称	颁布主体、发布文号及文件性质	非法证据排除规则
《江苏省行政程序条例》	江苏省人大常委会 2022 年 7 月 29 日江苏省第十三届 人民代表大会常务委员会第三十一次会议通过 地方性法规	第四十五条　下列证据材料不得作为行政决定的依据：（一）严重违反法定程序收集的；（二）以非法偷拍、偷录、窃听等严重侵害他人合法权益的手段取得的；（三）以利诱、欺诈、胁迫、暴力等不正当手段取得的；（四）以严重违背公序良俗的方式取得的……收集证据不符合法定程序或者形式，可能严重影响行政决定公正的，应当予以补正或者作出合理解释；不能补正或者作出合理解释的，对该证据应当予以排除

表二　部门性行政执法规范中的非法证据排除规则①

文件名称	颁布主体、文号及文件性质	非法证据排除规则
《公安机关办理行政案件程序规定》	公安部 令2003年第68号颁布 令2006年第88号第一次修订 令2010年第113号第二次修订 令2012年第125号第三次修订 令2018年第149号第四次修订 令2020年第160号第三次修订 部门规章	2003年版：第二十六条第二款 严禁刑讯逼供和以威胁、引诱、欺骗或者其他非法手段收集证据。以非法手段取得的证据不能作为定案的根据
		2006—2010年版：条文数改变，内容无变化
		2012年版：第二十四条第二款 严禁刑讯逼供和以威胁、欺骗等非法方法收集证据。采用刑讯逼供等非法方法收集的违法嫌疑人的陈述和申辩以及采用暴力、威胁等非法方法收集的被侵害人陈述、其他证人证言，不能作为定案的根据。收集物证、书证不符合法定程序，可能严重影响执法公正的，应当予以补正或者作出合理解释；不能补正或者作出合理解释的，不能作为定案的根据
		2018年版：条文变为第二十七条第二款
《海关行政处罚实施条例》	国务院 令2004年第420号 行政法规	第四十三条第三款　严禁刑讯逼供或者以威胁、引诱、欺骗等非法手段收集证据

① 为体现时间脉络，表格中的文件排列顺序，以文件中首次出现非法证据排除规则的时间先后顺序，自上而下排列。

续表

<table>
<tr><th>文件名称</th><th>颁布主体、文号及文件性质</th><th>非法证据排除规则</th></tr>
<tr><td rowspan="2">《治安管理处罚法》</td><td rowspan="2">全国人大常委会
主席令 2005 年第 38 号颁布
主席令 2012 年第 67 号修改
法律</td><td>2005 年版：第七十九条　公安机关及其人民警察对治安案件的调查，应当依法进行。严禁刑讯逼供或者采用威胁、引诱、欺骗等非法手段收集证据。以非法手段收集的证据不得作为处罚的根据</td></tr>
<tr><td>2012 年版：条文数和内容均无变化</td></tr>
<tr><td rowspan="2">《上海市城市管理行政执法条例》</td><td rowspan="2">上海市人大常委会
公告 2012 年第 47 号颁布
公告 2015 年第 23 号第一次修改
公告 2018 年第 2 号第二次修改
地方性法规</td><td>2012 年版：第二十条　城管执法人员调查取证时，应当全面、客观、公正，符合法定程序，不得以利诱、欺诈、胁迫、暴力等非法手段收集证据，不得伪造、隐匿证据。通过非法手段获取的证据不能作为认定违法事实的依据</td></tr>
<tr><td>2015—2018 年版：条文数和内容均无变化</td></tr>
<tr><td>《上海市查处车辆非法客运办法》</td><td>上海市人民政府
令 2014 年第 20 号
地方政府规章</td><td>第十一条第二款　交通行政执法机构和公安机关的工作人员不得采用威胁、引诱、欺骗等方式收集车辆非法客运的证据。采用上述方式取得的证据，不得作为查处车辆非法客运的依据</td></tr>
<tr><td>《交通运输行政执法程序规定》</td><td>交通运输部
令 2019 年第 9 号
部门规章</td><td>第五十条　下列证据材料不能作为定案依据：（一）以非法手段取得的证据……</td></tr>
</table>

续表

文件名称	颁布主体、文号及文件性质	非法证据排除规则
《渔政执法工作规范（暂行）》	农业农村部 农渔发〔2020〕27号 行政规范性文件	第七十七条　取证不得有下列行为：（一）使用欺骗、胁迫、暴力等不正当手段取证……
《公职人员政务处分法》	全国人大常委会 主席令2020年第46号 法律	第四十二条第二款　严禁以威胁、引诱、欺骗及其他非法方式收集证据。以非法方式收集的证据不得作为给予政务处分的依据

表三　行政诉讼规范中的证据排除规则①

文件名称	颁布主体、文号及文件性质	非法证据排除规则
《行政诉讼法》（1989 年）	全国人大主席令 1989 年第 16 号 法律	未规定
《关于贯彻执行〈中华人民共和国行政诉讼法〉若干问题的意见（试行）》	最高人民法院 法〔1991〕19 号 司法解释	未规定
《关于执行〈中华人民共和国行政诉讼法〉若干问题的解释》	最高人民法院 法释〔2000〕8 号 司法解释	第三十条　下列证据不能作为认定被诉具体行政行为合法的根据：……（二）被告严重违反法定程序收集的其他证据
《关于行政诉讼证据若干问题的规定》	最高人民法院 法释〔2002〕21 号 司法解释	第五十七条　下列证据材料不能作为定案依据：（一）严重违反法定程序收集的证据材料；（二）以偷拍、偷录、窃听等手段获取侵害他人合法权益的证据材料；（三）以利诱、欺诈、胁迫、暴力等不正当手段获取的证据材料…… 第五十八条　以违反法律禁止性规定或者侵犯他人合法权益的方法取得的证据，不能作为认定案件事实的依据。 第六十条　下列证据不能作为认定被诉具体行政行为合法的依据：……（二）被告在行政程序中非法剥夺公民、法人或者其他组织依法享有的陈述、申辩或者听证权利所采用的证据……

① 由于我国《行政诉讼法》及相关司法解释的版本并不多，本表对每个版本的《行政诉讼法》及相关司法解释中，是否包含非法证据排除规则均进行了检视。

续表

文件名称	颁布主体、文号及文件性质	非法证据排除规则
《行政诉讼法》(2014/2017年)	全国人大常委会 主席令2014年第15号 主席令2017年第71号 法律	第四十三条第三款　以非法手段取得的证据，不得作为认定案件事实的根据
《关于适用〈中华人民共和国行政诉讼法〉若干问题的解释》	最高人民法院 法释〔2015〕9号 司法解释	未规定
《关于适用〈中华人民共和国行政诉讼法〉的解释》	最高人民法院 法释〔2018〕1号 司法解释	第四十三条　有下列情形之一的，属于行政诉讼法第四十三条第三款规定的“以非法手段取得的证据”：（一）严重违反法定程序收集的证据材料；（二）以违反法律强制性规定的手段获取且侵害他人合法权益的证据材料；（三）以利诱、欺诈、胁迫、暴力等手段获取的证据材料

附录四：行政执法中“违反法定程序的取证行为”及“可能取得的证据”①

法律规范	法定取证程序	违反法定程序的取证行为	可能取得的证据
行政处罚法	第五十四条第二款（立案）：符合立案标准的，行政机关应当及时立案	符合立案标准未及时立案	立案表
	第五十五条（表明身份）：执法人员在调查或者进行检查时，应当主动向当事人或者有关人员出示执法证件。当事人或者有关人员有权要求执法人员出示执法证件……询问或者检查应当制作笔录	调查、检查时，执法人员少于两人	调查通知书 询问笔录 * 现场笔录 *
		调查、检查时，未出示证件	
		调查、检查时，未制作符合要求的笔录	
	第四十三条（回避）：执法人员与案件有直接利害关系或者有其他关系可能影响公正执法的，应当回避。当事人认为执法人员与案件有直接利害关系或者有其他关系可能影响公正执法的，有权申请回避。当事人提出回避申请的，行政机关应当依法审查，由行政机关负责人决定……	相关执法人员未主动回避	涉及多种证据
		剥夺当事人申请回避的权利	
		回避违反行政机关负责人决定程序	

① 可能取得的证据，参考《公安部关于印发〈公安行政法律文书式样〉的通知》（公通字〔2012〕63号），《道路交通安全违法行为处理法律文书（式样）》（公通字〔2009〕10号），《交通运输行政执法文书式样》（交通运输部令2019年第9号的附件），《自治区住房和城乡建设厅关于印发〈广西壮族自治区住房和城乡建设行政执法处罚文书制作规范〉的通知》（桂建法〔2012〕6号）。《国务院办公厅关于全面推行行政执法公示制度执法全过程记录制度重大执法决定法制审核制度的指导意见》（国办发〔2018〕118号）提出，对直接涉及人身自由、生命健康、重大财产权益及容易引发争议的行政执法过程，要依据不同情况进行执法音像记录。因此用 * 表示在收集该证据时，同步产生的照片、录音录像等执法音像记录证据。

续表

法律规范	法定取证程序	违反法定程序的取证行为	可能取得的证据
行政处罚法	第四十四条（告知）：行政机关在作出行政处罚决定之前，应当告知当事人拟作出的行政处罚内容及事实、理由、依据，并告知当事人依法享有的陈述、申辩、要求听证等权利	未告知拟处罚内容及权利	处罚告知书＊
	第四十五条第一款（陈述、申辩）：当事人有权进行陈述和申辩。行政机关必须充分听取当事人的意见，对当事人提出的事实、理由和证据，应当进行复核；当事人提出的事实、理由或者证据成立的，行政机关应当采纳	剥夺当事人陈述、申辩权	询问笔录＊ 处罚告知书＊
		未对当事人提出的事实、理由和证据进行复核	
	第五十六条（先行登记保存）：在证据可能灭失或者以后难以取得的情况下，经行政机关负责人批准，可以先行登记保存……	未经批准实施先行登记保存	先行登记保存物品处理审批表 先行登记保存物品处理通知书 先行登记保存物品清单＊

续表

法律规范	法定取证程序	违反法定程序的取证行为	可能取得的证据
行政处罚法	第四十一条（高科技取证）：行政机关依照法律、行政法规规定利用电子技术监控设备收集、固定违法事实的，应当经过法制和技术审核……设置地点应当向社会公布。电子技术监控设备记录违法事实……行政机关应当审核记录内容是否符合要求；未经审核或者经审核不符合要求的……行政机关应当及时告知当事人违法事实，并采取信息化手段或者其他措施，为当事人查询、陈述和申辩提供便利。不得限制或者变相限制当事人享有的陈述权、申辩权	电子技术监控设备时，未向社会公布设置地点	音像资料 电子数据
		电子技术监控设备时，未进行法制和技术审核	
		电子技术监控设备时，未告知当事人违法事实	
		电子技术监控设备时，剥夺当事人陈述、申辩权利	
	第五十二条（简易程序）：执法人员当场作出行政处罚决定的，应当向当事人出示执法证件，填写预定格式、编有号码的行政处罚决定书，并当场交付当事人。当事人拒绝签收的，应当在行政处罚决定书上注明……执法人员当场作出的行政处罚决定，应当报所属行政机关备案	简易程序中，未出示证件	处罚决定书*
		简易程序中，未制作并当场交付处罚决定书	
		简易程序后，未备案	
治安管理处罚法	第七十七条：公安机关对报案、控告、举报、投案、移送案件进行受理、登记	未依据法定程序受理、登记	受案登记表 接受证据清单 受案回执 移送案件通知书 不予调查处理告知书

续表

法律规范	法定取证程序	违反法定程序的取证行为	可能取得的证据
治安管理处罚法	第八十一条：人民警察的回避规定	未依法回避	涉及多种证据
	第八十四条、第八十五条：人民警察在公安机关以外询问应当出示工作证件；询问笔录应当交被询问人核对；对没有阅读能力的，应当向其宣读；被询问人确认笔录无误后，应当签名或者盖章；询问的人民警察也应当在笔录上签名；询问不满十六周岁的违反治安管理行为人，应当通知其父母或者其他监护人到场	在公安机关以外询问未出示证件	询问笔录＊
		询问笔录未交当事人核对	
		询问笔录未向没有阅读能力的当事人宣读	
		询问笔录签章不符合要求	
		未通知相关监护人到场	
	第八十七条第一款：检查时，人民警察不得少于二人，并应当出示工作证件和县级以上人民政府公安机关开具的检查证明文件	一般检查时，人民警察少于二人	检查证 检查笔录＊
		一般检查时，未出示工作证件	
		一般检查时，未出示符合要求的检查证明文件	
	第八十七条第一款：对确有必要立即进行检查的，人民警察经出示工作证件，可以当场检查，但检查公民住所应当出示县级以上人民政府公安机关开具的检查证明文件	立即检查时，未出示证件	
		立即检查时，未出示符合要求的检查证明文件检查公民住所	

续表

<table>
<tr><th>法律规范</th><th>法定取证程序</th><th>违反法定程序的取证行为</th><th>可能取得的证据</th></tr>
<tr><td>治安管理处罚法</td><td>第八十八条：检查的情况应当制作检查笔录，由检查人、被检查人和见证人签名或者盖章；被检查人拒绝签名的，人民警察应当在笔录上注明</td><td>检查笔录签章不符合要求</td><td>检查笔录＊</td></tr>
<tr><td rowspan="6">道路交通安全违法行为处理程序规定</td><td rowspan="6">第七条、第九条、第十条（巡逻检查适用的取证程序）：应当表明执法身份；在公路上执勤执法不得少于两人；查验机动车驾驶证、行驶证、机动车号牌、检验合格标志、保险标志等牌证以及机动车和驾驶人违法信息；对运载爆炸物品、易燃易爆化学物品以及剧毒、放射性等危险物品车辆驾驶人违法行为调查的，还应当查验其他相关证件及信息。询问驾驶人姓名、住址、出生年月；核对驾驶员信息、照片、身份证</td><td>调查时，未表明身份</td><td rowspan="6">现场笔录＊
扣押清单（凭证）①
交通违法处理通知书
询问笔录＊</td></tr>
<tr><td>调查时，交通警察少于两人</td></tr>
<tr><td>调查时，未查验相关牌证及车辆和驾驶员违法信息</td></tr>
<tr><td>调查危险物品车辆违法行为时，未查验其他相关证件及信息</td></tr>
<tr><td>未按规定询问</td></tr>
<tr><td>未按规定核对</td></tr>
</table>

① 部分地区交警的扣押凭证同时作为现场笔录。详见“南宁市公安局交通警察支队公安交通管理行政强制措施凭证”。

续表

法律规范	法定取证程序	违反法定程序的取证行为	可能取得的证据
道路交通安全违法行为处理程序规定	第四十八条（作出处罚适用的取证程序）：（一）对违法事实进行调查，询问当事人违法行为的基本情况，并制作笔录；当事人拒绝接受询问、签名或者盖章的，交通警察应当在询问笔录上注明；（二）采用书面形式或者笔录形式告知当事人拟作出的行政处罚的事实、理由及依据，并告知其依法享有的权利；（三）对当事人陈述、申辩进行复核，复核结果应当在笔录中注明……	制作询问笔录时，未询问当事人基本情况	询问笔录＊ 现场笔录＊
		当事人拒绝接受询问，或拒绝在询问笔录上签名或者盖章的，未在询问笔录上注明；未告知当事人拟作出的处罚、享有的权利及未说明理由	
		剥夺当事人的陈述、申辩及复核材料的权利	
	第四十四条（简易程序适用的取证程序）：（一）口头告知违法行为人违法行为的基本事实、拟作出的行政处罚、依据及其依法享有的权利；（二）听取违法行为人的陈述和申辩，违法行为人提出的事实、理由或者证据成立的，应当采纳……	未按规定告知	简易程序处罚决定书① 相关照片 同步录音录像
		剥夺当事人陈述申辩权利	
		处罚决定书的制作及内容不符合规定	
		未按规定送达处罚决定书	

① 王普庆：《交警简易程序处罚决定书有现场笔录的证明功效——浙江绍兴中院判决金国海诉绍兴公安交警支队行政处罚案》，载《人民法院报》2010 年 10 月 28 日第 6 版。

续表

<table>
<tr><th>法律规范</th><th>法定取证程序</th><th>违反法定程序的取证行为</th><th>可能取得的证据</th></tr>
<tr><td rowspan="7">道路交通安全违法行为处理程序规定</td><td rowspan="4">第十六条、第十七条（电子警察适用的取证程序）：固定式交通技术监控设备，应当向社会公布设置地点；使用固定式技术监控设备测速的，应当设置测速警告标志；移动式测速设备，应当由交通警察操作；使用车载移动式测速设备的，还应当使用制式警车</td><td>未公布固定式技术监测设备设置地点</td><td rowspan="4">电子警察拍摄资料交通违法处理通知书询问笔录 *</td></tr>
<tr><td>使用固定式技术监控设备测速的，未设置测速警告标志</td></tr>
<tr><td>移动式测速设备未由交通警察操作</td></tr>
<tr><td>使用车载移动式测速设备的，未使用制式警车</td></tr>
<tr><td rowspan="3">第三十六条第一款（驾驶人进行体内酒精检验的程序）：（一）由两名交通警察或者由一名交通警察带领警务辅助人员将车辆驾驶人带到医疗机构提取血样，或者现场由法医等具有相应资质的人员提取血样；（二）公安机关交通管理部门应当在提取血样后五日内将血样送交有检验资格的单位或者机构进行检验，并在收到检验结果后五日内书面告知车辆驾驶人</td><td>提取血样的人数及人员不符合规定</td><td rowspan="3">血样
检验意见
告知书</td></tr>
<tr><td>血样提取后未在五日内送检</td></tr>
<tr><td>收到检验结果后未在五日内书面告知驾驶人</td></tr>
</table>

续表

法律规范	法定取证程序	违反法定程序的取证行为	可能取得的证据
道路交通安全违法行为处理程序规定	第二十五条（采取扣留、检验、收缴等强制措施程序）：（一）口头告知违法行为人或者机动车所有人、管理人违法行为的基本事实、拟作出行政强制措施的种类、依据及其依法享有的权利；（二）听取当事人的陈述和申辩，当事人提出的事实、理由或者证据成立的，应当采纳；（三）制作行政强制措施凭证，并告知当事人在十五日内到指定地点接受处理；（四）行政强制措施凭证应当由当事人签名、交通警察签名或者盖章，并加盖公安机关交通管理部门印章；当事人拒绝签名的，交通警察应当在行政强制措施凭证上注明；（五）行政强制措施凭证应当当场交付当事人；当事人拒收的，由交通警察在行政强制措施凭证上注明，即为送达。现场采取行政强制措施的，交通警察应当在二十四小时内向所属公安机关交通管理部门负责人报告，并补办批准手续。公安机关交通管理部门负责人认为不应当采取行政强制措施的，应当立即解除	未告知当事人违法行为的基本事实、拟作出行政强制措施的种类、依据、其依法享有的权利及在十五日内到指定地点接受处理 剥夺当事人陈述申辩的权利 未按规定制作强制措施凭证 当事人拒绝签名或签收的，未在行政强制措施凭证上注明 现场采取强制措施的，未在二十四小时内补报批	公安交通管理行政强制措施凭证 * 返还物品凭证

续表

法律规范	法定取证程序	违反法定程序的取证行为	可能取得的证据
人民警察法	第九条：经出示相应证件，可以当场盘问、检查；需要带至公安机关继续盘问的，经该公安机关批准；对于批准继续盘问的，应当立即通知其家属或者其所在单位	当场盘问、检查时，未出示证件	询问笔录 * 现场笔录 * 检查证
		未经公安机关批准而继续盘问	
		继续盘问时，未通知其家属或单位	
听证程序	《行政处罚法》第六十四条、《行政许可法》第四十八条：告知相对人享有申请听证的权利；在听证的七日前，通知当事人举行听证的时间、地点；听证依法公开举行；非本案调查人员及非利害关系人主持；当事人进行申辩和质证；听证应当制作笔录	未告知甚至故意剥夺当事人申请听证的权利	听证告知书 举行听证通知书 不予受理听证通知书 听证笔录 * 听证报告书
		未按时或按要求通知当事人	
		未依法公开听证	
		主持人违反回避规定	
		剥夺当事人申辩、质证的权利	
		未制作听证笔录	
行政许可法	第二十九条、第三十条：行政机关应当向申请人提供行政许可申请书格式文本；将相关许可信息、提交材料目录、申请书示范文本等公示；向申请人说明、解释公示内容，提供准确、可靠的信息	未提供申请书格式文本	许可申请书及相关材料
		违反公示程序	
		未向申请人说明、解释公示内容	
		未提供精准、可靠信息	

续表

法律规范	法定取证程序	违反法定程序的取证行为	可能取得的证据
行政许可法	第三十二条：申请材料存在可以当场更正的错误的，应当允许申请人当场更正；申请材料不齐全或者不符合法定形式的，应当当场或者在五日内一次告知申请人需要补正的全部内容；对受理或者不予受理的申请，应当出具加盖本行政机关专用印章和注明日期的书面凭证	违反更正程序	许可申请书 及相关材料 受理/不予受理 书面凭证
		违反“五日内一次性告知”程序	
		未提供书面凭证	
		书面凭证不符合要求	
	第三十四条第三款：需要对申请材料的实质内容进行核实的，行政机关应当指派两名以上工作人员进行核查	核实的工作人员少于两人	勘验笔录 *
	第三十六条、第四十五条：告知该利害关系人；申请人、利害关系人有权进行陈述、申辩和依法听证	未告知利害关系人	涉及多种证据
		剥夺申请人、利害关系人陈述、申辩和依法听证的权利	询问笔录 *

续表

法律规范	法定取证程序	违反法定程序的取证行为	可能取得的证据
行政强制法	第十八条：行政机关实施行政强制措施应当遵守下列规定：（一）实施前须向行政机关负责人报告并经批准；（二）由两名以上行政执法人员实施；（三）出示执法身份证件；（四）通知当事人到场；（五）当场告知当事人采取行政强制措施的理由、依据以及当事人依法享有的权利、救济途径；（六）听取当事人的陈述和申辩；（七）制作现场笔录；（八）现场笔录由当事人和行政执法人员签名或者盖章，当事人拒绝的，在笔录中予以注明；（九）当事人不到场的，邀请见证人到场，由见证人和行政执法人员在现场笔录上签名或者盖章；（十）法律、法规规定的其他程序	未报批 执法人员少于两人 未出示执法身份证件 未通知当事人 未当场告知当事人采取行政强制措施的理由、依据以及当事人依法享有的权利、救济途径 剥夺当事人陈述、申辩及听证的权利 未制作现场笔录 当事人拒绝在现场笔录签字的，未在笔录中注明 未按规定邀请见证人 见证人未按规定签字或盖章	强制措施实施审批表 强制措施告知书 现场笔录＊ 扣押清单＊
	第十九条：情况紧急，需要当场实施行政强制措施的，行政执法人员应当在二十四小时内向行政机关负责人报告，并补办批准手续。行政机关负责人认为不应当采取行政强制措施的，应当立即解除	紧急情况实施强制措施，二十四小时内未补办报批手续 紧急情况实施强制措施，行政机关负责人认为不应当采取行政强制措施，未立即解除	强制措施实施审批表 强制措施告知书 现场笔录＊ 扣押清单＊

续表

法律规范	法定取证程序	违反法定程序的取证行为	可能取得的证据
行政强制法	第二十条第一款：依照法律规定实施限制公民人身自由的行政强制措施，除应当履行本法第十八条规定的程序外，还应当遵守下列规定：（一）当场告知或者实施行政强制措施后立即通知当事人家属实施行政强制措施的行政机关、地点和期限；（二）在紧急情况下当场实施行政强制措施的，在返回行政机关后，立即向行政机关负责人报告并补办批准手续；（三）法律规定的其他程序	未告知或通知当事人家属实施行政强制措施的行政机关、地点和期限	强制措施实施审批表 强制措施告知书 现场笔录 * 扣押清单 *
		在紧急情况下当场实施行政强制措施的，返回行政机关后未立即补办报批手续	
政府信息公开条例	第二十一条：政府信息公开申请内容不明确的，行政机关应当给予指导和释明，并自收到申请之日起 7 个工作日内一次性告知申请人作出补正，说明需要补正的事项和合理的补正期限	未予以指导和释明	政府信息公开申请及相关材料
		违反 7 个工作日内一次性告知补正程序	
国有土地上房屋征收与补偿条例	第十条：讨论和公布拟征收补偿方案，征求公众意见。征求意见期限不得少于 30 日	未公布方案	公众意见材料
		未征求意见	
		征求意见少于 30 日	
	第十一条：旧城改建，争议巨大的，开听证会	未召开听证会	听证会召开及内容材料
	第十二条第二款：作出房屋征收决定前，征收补偿费用应当足额到位、专户存储、专款专用	征收补偿费用未足额到位、专户存储、专款专用	收费凭证

附录五：行政执法中“违反法律强制性规定的取证行为”① 及“遭受侵害的他人合法权益”

法律规范	强制性规定	违反法律强制性规定的取证行为	遭受侵害的他人合法权益
宪法	第三十七条：中华人民共和国公民的人身自由不受侵犯。任何公民，非经人民检察院批准或者决定或者人民法院决定，并由公安机关执行，不受逮捕。禁止非法拘禁和以其他方法非法剥夺或者限制公民的人身自由，禁止非法搜查公民的身体	非经检察院、法院批准而逮捕	人身自由权 身体隐私权
		非由公安执行而逮捕	
		非法搜查公民身体	
	第三十九条：中华人民共和国公民的住宅不受侵犯。禁止非法搜查或者非法侵入公民的住宅	非法搜查	住宅权 住宅隐私权
		非法侵入他人住宅	
	第四十条：中华人民共和国公民的通信自由和通信秘密受法律的保护。除因国家安全或者追查刑事犯罪的需要，由公安机关或者检察机关依照法律规定的程序对通信进行检查外，任何组织或者个人不得以任何理由侵犯公民的通信自由和通信秘密	非因国家安全或追查犯罪需要进行检查	通信自由和通信秘密
		非由公安或检察机关实施检查	
		未依照法律程序规定	

① 法理学将法律规定划分为“任意性规定”和“强制性规定”。其中，强制性规定通常用“应当”“必须”“不得”“禁止”“严禁”的形式表述。笔者以我国八部行政法规范的调查取证部分为分析对象，在条文中搜寻上述关键词，刨除程序性规定后，得出“违反法律强制性规定的取证行为”。

续表

法律规范	强制性规定	违反法律强制性规定的取证行为	遭受侵害的他人合法权益
行政处罚法	第二十条：行政机关不得委托不符合规定的其他组织或者个人实施行政处罚；受委托组织不得再委托其他组织或者个人实施行政处罚	委托符合规定的事业组织以外的主体收集证据	并不必然侵权
		受托组织转委托收集证据	
	第三十九条：行政处罚的实施机关、立案依据、实施程序和救济渠道等信息应当公示	未公示实施机关、立案依据、实施程序和救济渠道等信息	并不必然侵权
	第四十一条第二款：电子技术监控设备记录违法事实应当真实、清晰、完整、准确	高科技设备取证，未达到真实、清晰、完整、准确标准	并不必然侵权
	第四十二条第一款：行政处罚应当由具有行政执法资格的执法人员实施	执法人员不具有行政执法资格	并不必然侵权
	第五十条：行政机关及其工作人员对实施行政处罚过程中知悉的国家秘密、商业秘密或者个人隐私，应当依法予以保密	取证时泄露国家秘密、商业秘密或者个人隐私	隐私权、财产权
	第五十六条：先行登记保存期间，当事人或者有关人员不得销毁或者转移证据	登记保存期间，当事人或相关人员销毁或转移证据	财产权
	第六十条：行政机关应当自行政处罚案件立案之日起九十日内作出行政处罚决定。法律、法规、规章另有规定的，从其规定	超过办案期限的取证	并不必然侵权

续表

法律规范	强制性规定	违反法律强制性规定的取证行为	遭受侵害的他人合法权益
治安管理处罚法	第七十九条：公安机关及其人民警察对治安案件的调查，应当依法进行。严禁刑讯逼供或者采用威胁、引诱、欺骗等非法手段收集证据。以非法手段收集的证据不得作为处罚的根据	刑讯逼供	生命权、身体权、健康权、人格尊严权、人身自由权
		采取威胁、引诱、欺骗等非法手段	
	第八十条：公安机关及其人民警察在办理治安案件时，对涉及的国家秘密、商业秘密或者个人隐私，应当予以保密	违反保密规定收集证据	隐私权 个人信息权
	第八十三条第一款：询问查证的时间不得超过八小时；情况复杂，依照本法规定可能适用行政拘留处罚的，询问查证的时间不得超过二十四小时	一般询问查证超过八小时	人身自由权
		可能适用行政拘留的，询问查证超过二十四小时	
	第八十六条：询问聋哑的违反治安管理行为人、被侵害人或者其他证人，应当有通晓手语的人提供帮助，并在笔录上注明。询问不通晓当地通用的语言文字的违反治安管理行为人、被侵害人或者其他证人，应当配备翻译人员，并在笔录上注明	询问聋哑人，未配备通晓手语的人提供帮助	语言文字及表达权
		询问不通晓当地通用的语言文字的人，未配备翻译人员	
	第八十七条第二款：检查妇女的身体，应当由女性工作人员进行	非女性工作人员检查妇女身体	隐私权、人格权

续表

法律规范	强制性规定	违反法律强制性规定的取证行为	遭受侵害的他人合法权益
治安管理处罚法	第八十九条第一款：对被侵害人或者善意第三人合法占有的财产，不得扣押，应当予以登记。对与案件无关的物品，不得扣押	对被侵害人或者善意第三人合法占有的财产，未予登记	财产权 物权
		对被侵害人或者善意第三人合法占有的财产、与案件无关的物品，予以扣押	
	第八十九条第三款：对扣押的物品，应当妥善保管，不得挪作他用；对不宜长期保存的物品，按照有关规定处理。经查明与案件无关的，应当及时退还；经核实属于他人合法财产的，应当登记后立即退还；满六个月无人对该财产主张权利或者无法查清权利人的，应当公开拍卖或者按照国家有关规定处理，所得款项上缴国库	扣押的物品，未妥善保管，挪作他用	财产权
		经查明与案件无关的，未及时退还	
		经核实属于他人合法财产的，未登记后立即退还	
人民警察法	第九条第二款：对被盘问人的留置时间自带至公安机关之时起不超过二十四小时，在特殊情况下，经县级以上公安机关批准，可以延长至四十八小时，并应当留有盘问记录	未经县级以上公安机关批准，被盘问人在公安机关的留置时间超过二十四小时	人身自由权
		虽经县级以上公安机关批准，被盘问人在公安机关的留置时间超过四十八小时	

续表

法律规范	强制性规定	违反法律强制性规定的取证行为	遭受侵害的他人合法权益
行政许可法	第二十四条：行政机关可以委托其他行政机关实施行政许可；受托机关不得再委托其他组织或者个人实施行政许可	委托符合要求的行政机关以外的主体收集证据	并不必然侵权
		接受转委托的主体收集证据	
	第二十七条：行政机关实施行政许可，不得向申请人提出购买指定商品、接受有偿服务等不正当要求。行政机关工作人员办理行政许可，不得索取或者收受申请人的财物，不得谋取其他利益	收集证据时，索取财物、谋取利益	财产权 行政收益权
		收集证据时，向申请人提出购买指定商品、接受有偿服务等不正当要求	
	第二十九条第一款：申请书格式文本中不得包含与申请行政许可事项没有直接关系的内容。 第三十一条第一款：行政机关不得要求申请人提交与其申请的行政许可事项无关的技术资料和其他材料。 第三十五条：上级行政机关不得要求申请人重复提供申请材料	收集的材料通过在申请书格式文本中要求申请人提供与许可事项没有直接关系的内容而取得	隐私权 个人信息权
		收集的材料通过要求申请人提交与其申请的行政许可事项无关的技术资料和其他材料而取得	
		上级许可机关收集的材料通过要求申请人重复提供申请材料而取得	

续表

法律规范	强制性规定	违反法律强制性规定的取证行为	遭受侵害的他人合法权益
行政许可法	第五十八条第一款：行政机关实施行政许可和对行政许可事项进行监督检查，不得收取任何费用。但是，法律、行政法规另有规定的，依照其规定。 第六十三条：行政机关实施监督检查，不得妨碍被许可人正常的生产经营活动，不得索取或者收受被许可人的财物，不得谋取其他利益	实施许可和监督检查时，违法收取费用	财产权 物权 生产经营权
		监督检查时，妨碍被许可人正常的生产经营活动	
		监督检查时，索取或者收受被许可人的财物	
		监督检查时，谋取其他利益	
食品安全法	第十七条第四款：食品安全风险评估不得向生产经营者收取费用，采集样品应当按照市场价格支付费用。 第四十四条第三款：监督抽查考核不得收取费用。 第四十八条第二款：认证机构实施跟踪调查不得收取费用。 第八十七条：抽样检验要支付相关费用，并且不得向食品生产经营者收取检验费和其他费用	食品安全风险评估向生产经营者收取费用	财产权
		食品安全风险评估采集样品未按照市场价格支付费用	
		监督抽查考核收取费用	
		认证机构实施跟踪调查收取费用	
		抽样检验未支付相关费用	
		抽样检验向食品生产经营者收取检验费和其他费用	

续表

法律规范	强制性规定	违反法律强制性规定的取证行为	遭受侵害的他人合法权益
食品安全法	第八十四条第一款：食品检验机构按照国家有关认证认可的规定取得资质认定后，方可从事食品检验活动。但是，法律另有规定的除外	食品检验机构未取得资质认定从事食品检验活动，且无法律另外规定	并不必然侵权
	第八十五条第二款：食品检验的检验人不得出具虚假检验报告	检验人出具虚假报告	并不必然侵权
	第八十七条：抽样检验不得免检	抽样检查免检	并不必然侵权
	第八十八条：申请复检的，复检机构与初检机构不得为同一机构。复检机构名录由国务院认证认可监督管理、食品安全监督管理、卫生行政、农业行政等部门共同公布。复检不得采用快速检测方法	复检机构与初检机构为同一机构	并不必然侵权
		复检机构不在名录中	
		复检采用快速检测方法	
	第一百零三条第四款：任何单位和个人不得对食品安全事故隐瞒、谎报、缓报，不得隐匿、伪造、毁灭有关证据	隐瞒、谎报、缓报食品安全事故，隐匿、伪造、毁灭食品安全事故有关证据	生命健康权
	第一百一十六条第一款：执法人员不具备相应知识和能力的，不得从事食品安全执法工作	执法人员不达到要求而从事食品安全执法工作	并不必然侵权

续表

法律规范	强制性规定	违反法律强制性规定的取证行为	遭受侵害的他人合法权益
行政强制法	第七条：行政机关及其工作人员不得利用行政强制权为单位或者个人谋取利益	利用行政强制权为单位或者个人谋取利益	财产权
	第十七条第三款：行政强制措施应当由行政机关具备资格的行政执法人员实施，其他人员不得实施	由不具备资格的人员实施	并不必然侵权
	第二十条第二款：实施限制人身自由的行政强制措施不得超过法定期限。实施行政强制措施的目的已经达到或者条件已经消失，应当立即解除	限制人身自由超过法定期限	人身自由权
		目的达到或条件消失，仍未解除强制措施	
	第二十三条：查封、扣押限于涉案的场所、设施或者财物，不得查封、扣押与违法行为无关的场所、设施或者财物；不得查封、扣押公民个人及其所扶养家属的生活必需品。当事人的场所、设施或者财物已被其他国家机关依法查封的，不得重复查封	查扣与违法行为无关的场所、设施或者财物	财产权
		查扣公民个人及其所扶养家属的生活必需品	
		重复查封	
	第二十六条第一款：对查封、扣押的场所、设施或者财物，行政机关应当妥善保管，不得使用或者损毁；造成损失的，应当承担赔偿责任	使用查扣物品或致其损毁	财产权
		具备资格的行政机关委托其他单位实施冻结	

续表

法律规范	强制性规定	违反法律强制性规定的取证行为	遭受侵害的他人合法权益
行政强制法	第二十九条第一款：冻结存款、汇款应当由法律规定的行政机关实施，不得委托给其他行政机关或者组织；其他任何行政机关或者组织不得冻结存款、汇款	不具备资格的单位实施冻结	财产权
道路交通安全违法行为处理程序规定	第十五条第二款、第三款：交通技术监控设备、执法记录设备应当符合国家标准或者行业标准，需要认定、检定的交通技术监控设备应当经认定、检定合格后，方可用于收集、固定违法行为证据。交通技术监控设备应当定期维护、保养、检测，保持功能完好。 第十六条第一款：交通技术监控设备的设置应当遵循科学、规范、合理的原则，设置的地点应当有明确规范相应交通行为的交通信号	设备不符合国家标准	并不必然侵权
		设备认定、检验不合格	
		设备未妥善维护	
		设备的设置地点未配备应明确规范相应交通行为的交通信号	
	第三十五条第一款：车辆驾驶人有下列情形之一的，应当对其检验体内酒精含量：（一）对酒精呼气测试等方法测试的酒精含量结果有异议并当场提出的；（二）涉嫌饮酒驾驶车辆发生交通事故的；（三）涉嫌醉酒驾驶的；（四）拒绝配合酒精呼气测试等方法测试的	对呼气酒精检测结果有异议未进行体内酒精检测	并不必然侵权
		涉嫌饮酒驾驶车辆发生交通事故未进行体内酒精检测	
		涉嫌醉酒驾驶未进行体内酒精检测	
		拒绝配合呼气等酒精方式检测的未进行体内酒精检测	

续表

法律规范	强制性规定	违反法律强制性规定的取证行为	遭受侵害的他人合法权益
道路交通安全违法行为处理程序规定	第三十六条第四款、第六款（重新进行体内酒精检测的情形）：（一）检验程序违法或者违反相关专业技术要求，可能影响检验结果正确性的；（二）检验单位或者机构、检验人不具备相应资质和条件的；（三）检验结果明显依据不足的；（四）检验人故意作虚假检验的；（五）检验人应当回避而没有回避的；（六）检材虚假或者被污染的；（七）其他应当重新检验的情形。 重新检验，公安机关应当另行指派或者聘请检验人	可能影响结果正确性而未重新检测	并不必然侵权
		检验机构和人员不具备资质而未重新检测	
		检验结果明显证据不足而未重新检测	
		检验人故意作虚假检验而未重新检测	
		检验人员违反回避规定而未重新检测	
		检材虚假或者被污染而未重新检测	

附录六：行政执法中相对人“不配合行为”的法律属性

一、相对人“合法不配合”——行使抵抗权

权利类型	权利名称	具体规定
程序性抵抗权	调查抵抗权	《行政处罚法》第五十五条：……执法人员不出示执法证件的，当事人或者有关人员有权拒绝接受调查或者检查
		《税收征收管理法》第五十九条：税务机关未出示税务检查证和税务检查通知书的，被检查人有权拒绝检查
		《统计法》第十五条：对违反本法和国家规定编制发布的统计调查表，调查对象有权拒绝填报。 第三十条第二款：统计人员进行统计调查时，应当出示县级以上人民政府统计机构或者有关部门颁发的工作证件；未出示的，统计调查对象有权拒绝调查。 第三十五条第二款：县级以上人民政府统计机构进行监督检查时，监督检查人员不得少于二人，并应当出示执法证件；未出示的，有关单位和个人有权拒绝检查
		《证券法》第一百七十二条：……监督检查、调查的人员少于二人或者未出示合法证件和监督检查、调查通知书或者其他执法文书的，被检查、调查的单位和个人有权拒绝
		《反洗钱法》第二十三条：……调查人员少于二人或者未出示合法证件和调查通知书的，金融机构有权拒绝调查
		《保险法》第一百五十四条：……监督检查、调查的人员少于二人或者未出示合法证件和监督检查、调查通知书的，被检查、调查的单位和个人有权拒绝
		《刑事诉讼法》第一百二十条第一款：……犯罪嫌疑人对侦查人员的提问，应当如实回答。但是对与本案无关的问题，有拒绝回答的权利
		《公安机关办理行政案件程序规定》第七十四条：询问时，应当告知被询问人……对与本案无关的问题有拒绝回答的权利

续表

权利类型	权利名称	具体规定
程序性抵抗权	履行抵抗权	《行政处罚法》第七十条：行政机关及其执法人员当场收缴罚款的，必须向当事人出具国务院财政部门或者省、自治区、直辖市人民政府财政部门统一制发的专用票据；不出具财政部门统一制发的专用票据的，当事人有权拒绝缴纳罚款。 第七十七条：处罚不使用专用单据或者使用非法定部门制发的单据的，当事人有权拒绝，并有权予以检举
		《道路交通安全法》第一百零八条第三款：罚款应当开具省、自治区、直辖市财政部门统一制发的罚款收据；不出具财政部门统一制发的罚款收据的，当事人有权拒绝缴纳罚款
		《道路交通安全违法行为处理程序规定》第五十九条第二款：交通警察依法当场收缴罚款的，应当开具省、自治区、直辖市财政部门统一制发的罚款收据；不开具省、自治区、直辖市财政部门统一制发的罚款收据的，当事人有权拒绝缴纳罚款
		《治安管理处罚法》第一百零六条：人民警察当场收缴罚款的，应当向被处罚人出具省、自治区、直辖市人民政府财政部门统一制发的罚款收据；不出具统一制发的罚款收据的，被处罚人有权拒绝缴纳罚款

续表

权利类型	权利名称	具体规定
实体性抵抗权	负担抵抗权	《农业法》第六十七条：任何机关或者单位向农民或者农业生产经营组织收取行政、事业性费用必须依据法律、法规的规定。收费的项目、范围和标准应当公布。没有法律、法规依据的收费，农民和农业生产经营组织有权拒绝。任何机关或者单位对农民或者农业生产经营组织进行罚款处罚必须依据法律、法规、规章的规定。没有法律、法规、规章依据的罚款，农民和农业生产经营组织有权拒绝。任何机关或者单位不得以任何方式向农民或者农业生产经营组织进行摊派。除法律、法规另有规定外，任何机关或者单位以任何方式要求农民或者农业生产经营组织提供人力、财力、物力的，属于摊派。农民和农业生产经营组织有权拒绝任何方式的摊派
		《全民所有制工业企业法》第二十三条第二款：企业有权接受或者拒绝任何部门和单位在指令性计划外安排的生产任务。 第三十三条：企业有权拒绝任何机关和单位向企业摊派人力、物力、财力。除法律、法规另有规定外，任何机关和单位以任何方式要求企业提供人力、物力、财力的，都属于摊派
		《行政强制法》第三十条第三款：法律规定以外的行政机关或者组织要求冻结当事人存款、汇款的，金融机构应当拒绝
		《禁止向企业摊派暂行条例》第十三条第一款：企业有权拒绝任何单位的摊派
		《优化营商环境条例》第十四条第三款：市场主体有权拒绝任何形式的摊派

二、相对人“非法不配合”——妨害公务

规范类型	规范要旨	具体规定
管理类规范	相对人在行政执法中的协助调查义务	《行政处罚法》第五十五条第二款：当事人或者有关人员应当如实回答询问，并协助调查或者检查，不得拒绝或者阻挠。询问或者检查应当制作笔录
		《行政许可法》第六十二条第一款：行政机关可以对被许可人生产经营的产品依法进行抽样检查、检验、检测，对其生产经营场所依法进行实地检查。检查时，行政机关可以依法查阅或者要求被许可人报送有关材料；被许可人应当如实提供有关情况和材料
		《农业法》第八十八条第二款：农业行政执法人员在履行监督检查职责时，应当向被检查单位或者个人出示行政执法证件，遵守执法程序。有关单位或者个人应当配合农业行政执法人员依法执行职务，不得拒绝和阻碍
		《证券法》第一百七十三条：国务院证券监督管理机构依法履行职责，被检查、调查的单位和个人应当配合，如实提供有关文件和资料，不得拒绝、阻碍和隐瞒
		《反洗钱法》第二十三条第一款：国务院反洗钱行政主管部门或者其省一级派出机构发现可疑交易活动，需要调查核实的，可以向金融机构进行调查，金融机构应当予以配合，如实提供有关文件和资料
		《社会保险法》第七十七条第二款：社会保险行政部门实施监督检查时，被检查的用人单位和个人应当如实提供与社会保险有关的资料，不得拒绝检查或者谎报、瞒报

续表

规范类型	规范要旨	具体规定
管理类规范	相对人在行政执法中的协助调查义务	《统计法》第三十六条：县级以上人民政府统计机构履行监督检查职责时，有关单位和个人应当如实反映情况，提供相关证明和资料，不得拒绝、阻碍检查，不得转移、隐匿、篡改、毁弃原始记录和凭证、统计台账、统计调查表、会计资料及其他相关证明和资料
		《食品安全法》第一百零八条：食品安全事故调查部门有权向有关单位和个人了解与事故有关的情况，并要求提供相关资料和样品。有关单位和个人应当予以配合，按照要求提供相关资料和样品，不得拒绝。任何单位和个人不得阻挠、干涉食品安全事故的调查处理
		《个人信息保护法》第六十三条第二款：履行个人信息保护职责的部门依法履行职责，当事人应当予以协助、配合，不得拒绝、阻挠
		《公安机关办理行政案件程序规定》第七十四条：询问时，应当告知被询问人必须如实提供证据、证言和故意作伪证或者隐匿证据应负的法律责任……
		《全国农业普查条例》第十条第一款：农业普查对象应当如实回答普查人员的询问，按时填报农业普查表，不得虚报、瞒报、拒报和迟报
		《社会保险费征缴暂行条例》第十九条：劳动保障行政部门或者税务机关调查社会保险费征缴违法案件时，有关部门、单位应当给予支持、协助

续表

规范类型	规范要旨	具体规定
惩戒类规范	相对人违反协助调查义务将受到惩戒	《人民警察法》第三十五条：拒绝或者阻碍人民警察依法执行职务，有下列行为之一的，给予治安管理处罚：（一）公然侮辱正在执行职务的人民警察的；（二）阻碍人民警察调查取证的；（三）拒绝或者阻碍人民警察执行追捕、搜查、救险等任务进入有关住所、场所的；（四）对执行救人、救险、追捕、警卫等紧急任务的警车故意设置障碍的；（五）有拒绝或者阻碍人民警察执行职务的其他行为的。以暴力、威胁方法实施前款规定的行为，构成犯罪的，依法追究刑事责任
		《治安管理处罚法》第五十条：有下列行为之一的，处警告或者二百元以下罚款；情节严重的，处五日以上十日以下拘留，可以并处五百元以下罚款：（一）拒不执行人民政府在紧急状态情况下依法发布的决定、命令的；（二）阻碍国家机关工作人员依法执行职务的；（三）阻碍执行紧急任务的消防车、救护车、工程抢险车、警车等车辆通行的；（四）强行冲闯公安机关设置的警戒带、警戒区的。阻碍人民警察依法执行职务的，从重处罚
		《刑法》第二百七十七条：【妨害公务罪】以暴力、威胁方法阻碍国家机关工作人员依法执行职务的，处三年以下有期徒刑、拘役、管制或者罚金。 以暴力、威胁方法阻碍全国人民代表大会和地方各级人民代表大会代表依法执行代表职务的，依照前款的规定处罚。 在自然灾害和突发事件中，以暴力、威胁方法阻碍红十字会工作人员依法履行职责的，依照第一款的规定处罚。 故意阻碍国家安全机关、公安机关依法执行国家安全工作任务，未使用暴力、威胁方法，造成严重后果的，依照第一款的规定处罚。 暴力袭击正在依法执行职务的人民警察的，依照第一款的规定从重处罚

三、消除相对人配合的后顾之忧——证据用途的限制

在大规模统计及普查过程中，为鼓励公民提供真实情况以增加普查的准确性，消除公民对因提供真实情况而使得自己陷入不利境地的担忧，法律对上述普查中获得资料的用途加以限制。例如：

《统计法》（2009 年修订）第二十五条规定，统计调查中获得的能够识别或者推断单个统计调查对象身份的资料，任何单位和个人不得对外提供、泄露，不得用于统计以外的目的。

《全国经济普查条例》（2004 年）第三十三条规定，经济普查取得的单位和个人资料，严格限定用于经济普查的目的，不作为任何单位对经济普查对象实施处罚的依据。

《全国污染源普查条例》（2007 年）第三十五条规定，污染源普查取得的单个普查对象的资料严格限定用于污染源普查目的，不得作为考核普查对象是否完成污染物总量削减计划的依据，不得作为依照其他法律、行政法规对普查对象实施行政处罚和征收排污费的依据。

《全国人口普查条例》（2010 年）第三十三条规定，人口普查中获得的能够识别或者推断单个普查对象身份的资料……不得作为对人口普查对象作出具体行政行为的依据。

附录七：行政执法部门执法情况访谈（座谈）提纲

您好！为深入了解当地行政执法相关情况，以及在推进行政执法法治化、规范化及法治人才培养中存在的重点、难点及热点问题，我们邀请你（们）参与访谈（座谈），请就你（们）所在单位的相关情况进行回答。我们承诺，你（们）所提供的信息及个人隐私将会得到充分的尊重和严格的保密。感谢你（们）的支持与配合，让我们期待法治环境会越来越好。

1. 你（们）认为应如何科学认定行政执法严格规范公正文明，应包含哪些要素？

2. 当前你（们）所在的单位行政执法队伍的构成情况如何，可以从学历、专业、职级、年龄、身份、编制方面谈谈。

3. 当前你（们）所在的单位行政执法队伍管理存在哪些环节，环节设置是否科学，哪些环节应当进行改进和优化？

4. 当前你（们）所在的单位行政执法工作开展的情况如何？

5. 当前你（们）所在的单位在推进和保障法治政府建设/行政执法严格规范公正文明/法治人才培养过程中取得哪些成绩，有哪些做得好的地方？

6. 当前你（们）所在的单位在推进和保障法治政府建设/行政执法严格规范公正文明/法治人才培养过程中面临哪些现实挑战，你（们）认为问题的根源在哪里？

7. 对你（们）所在单位或其他单位在推进和保障法治政府建设/行政执法严格规范公正文明/法治人才培养方面有哪些好的建议？

（在访谈或座谈过程中依据具体情况适时调整）

后　记

自2018年接触电视问政节目以来，我关注行政执法系列问题六年有余。这六年的思考与感悟，终能以书籍的形式同大家见面，于我而言，是幸事更是激励。

西南财经大学的余睿副教授，对本书的完成具有重大贡献。余老师是我硕士期间的指导老师，是将我带入行政法学领域、领略行政执法魅力的引路人。在他的指导下，我将“行政执法中的非法取证行为规制”作为硕士期间的研究重点，主持完成了2020年广西研究生教育创新计划项目（YCSW2020009），硕士毕业论文亦在此基础上打磨而成。硕士毕业后，我与余老师仍在此问题上保持深度交流，余老师主持的2022年教育部人文社科规划基金项目“行政处罚中的非法取证行为研究”（22YJA820029）成为该选题得以继续研究的平台和契机，本书是该项目的阶段性成果，旨在为最终结项成果做探索和铺垫。感谢余睿老师，未来我将与余老师继续在该选题上开展研究。

中南财经政法大学的胡弘弘教授，为本书的写作提供了巨大帮助。胡老师是我博士期间的指导老师，是我国公法学界的知名学者。在她的指导下，我的研究方向从行政法学跃迁至更为宏大的领域，步入宪法学的殿堂。本书第四章第三部分关于“遭受侵害的他人合法权益”的探讨，正是在胡老师关于公民基本权利研究的熏陶下写就的；本书下篇实证考察的写作思路，也是在跟随胡老师开展法治政府建设、法治人才培养、地方立法评估等实务研究时阐发的；胡老师主持的国家社科基金重大项目“发挥人民代表大会制度的根本政治制度作用研究”（22ZD068），为本书从根本政治制度层面把握行政执法体制机制的构建与完善提供了平台和契机。感谢胡弘弘老师，未来我将跟随胡老师，继续在宪法学、立法学等领域开展研究。

中国人民公安大学出版社为本书的出版提供了诸多支持。作为第一本学术专著，在出版过程中，我难免信心不足。是编辑老师的鼓励和督促，让我得以如期交稿，书稿也最终顺利出版，为中国人民公安大学出版社的专业和高效点赞。

本书的出版还得到了中南财经政法大学中央高校基本科研业务费专项资金资助（202410609），诸多师友同人对书稿内容提出宝贵意见、为书稿出版提供无私帮助，在此表示深深的谢意。

我的父母都曾是基层执法队伍中的一员，在他们数十年的耳濡目染下，我对行政执法这一维护社会秩序、旨在除暴安良的公权力活动，产生了最原初、第一手、最朴素的认识。父母亲虽已退休，却是全书写作的灵魂。谨以此书，向他们曾经工作过的岗位、曾经奉献过的岁月——致敬！

笔　者

2024年初于武汉